STARK

INTERPRETATIONSHILFE DEUTSCH

E. T. A. Hoffmann

Der Sandmann

Interpretiert von Sabine Scheffer

STARK

Bildnachweis
Titelbild: Der Sandmann als Theaterstück, inszeniert von Rainer Lewandowski im E. T. A. Hoffmann-Theater Bamberg (Spielzeit 2003 / 2004).
Andreas Ulrich als Nathanael und Olivia Sue Dornemann als Olimpia.
Foto: Ingrid Rose
S. 7, 62: © bpk (Bildarchiv Preußischer Kulturbesitz)
S. 15, 39 und 45: © Ingrid Rose
S. 56: Aus: Christian Bailly: Automata - The Golden Age. 1848-1914. London: Robert Hale Ltd. 2004
S. 59: Musée d'Art et d'Histoire Neuchâtel
S. 61: Collection Jacqueline et Guido Reuge, Villa Reuge, Sainte-Croix, Schweiz
S. 103: © Cinetext

ISBN 13: 978-3-89449-781-1
ISBN 10: 3-89449-781-5

D-85318 Freising · Postfach 1852 · Tel. (0 81 61) 1790

Inhalt

Autorin: Sabine Scheffer

Vorwort

Liebe Schülerin, lieber Schüler,

diese Interpretationshilfe zu E. T. A. Hoffmanns Erzählung *Der Sandmann* aus der Sammlung *Nachtstücke* (1816) soll Ihnen den Zugang zu einem der eindrucksvollsten und bedeutsamsten Werke dieses ungewöhnlichen Dichters erleichtern.

E. T. A. Hoffmann war nicht nur Schriftsteller, sondern unter anderem auch Komponist, aber er ist zu seiner Zeit vor allem durch seine Erzählungen *Fantasiestücke in Callots Manier* (1813 bis 1815) – mit dem darin enthaltenen Märchen *Der goldene Topf* – bekannt geworden sowie durch die Kriminalgeschichte *Das Fräulein von Scuderi*, die Teil der Erzählsammlung *Die Serapionsbrüder* (1819–1821) ist.

Die folgenden Kapitel enthalten zunächst eine kurze Darstellung von Leben und Werk E. T. A. Hoffmanns, an die sich die Schilderung der Entstehungsgeschichte des *Sandmanns* anschließt. Dann folgt eine Inhaltsangabe dieser Erzählung.

Der Hauptteil des Buchs – „Textanalyse und Interpretation" – beschäftigt sich als Erstes mit dem Aufbau und anschließend mit den Personen der Erzählung: Insbesondere die Hauptfigur Nathanael wird gründlich untersucht. Aber auch Clara, Coppelius/Coppola und Spalanzani werden ausführlich beschrieben und in ihren Beziehungen zueinander betrachtet. Danach geht es in zwei weiteren Abschnitten um die Leitmotive, die der Erzählung ihre inhaltliche Struktur geben. Auf der Basis dieser Darstellung wird das Charakteristische der Erzählung *Der Sandmann* als Text der Romantik erläutert. Im Abschnitt „Form und Sprache" wird dann die multiperspektivische Erzählweise untersucht, derer sich Hoffmann hier bedient, ferner das ‚Spiel', das er mit dem Leser treibt. Weiterhin wird gezeigt, wie in Hoffmanns Erzählung Spannung erzeugt wird und wie die Sprache und der besondere Erzählstil dazu beitragen.

Am Beispiel von zwei Schlüsselstellen des Textes wird dann noch einmal ausführlich auf die bis dahin gewonnenen Erkenntnisse Bezug genommen.

Der Abschnitt „Werk und Wirkung“ beschreibt in knappen Zügen die produktive Rezeption – zum Beispiel als Oper oder im Film – sowie die Wirkungsgeschichte der Erzählung.

Den Schluss des Bandes bilden einige Hinweise auf Literatur zum Thema, die für eine weitergehende Beschäftigung mit der Erzählung hilfreich sein können.

Sabine Scheffer

Einführung

Wenn man den zunächst doch recht harmlos klingenden Titel von E. T. A. Hoffmanns Erzählung *Der Sandmann* zum ersten Mal vernimmt, vermutet man wohl nicht, dass sich dahinter eine derart **abgründige**, **groteske** und auch **aufwühlende Geschichte** verbirgt. *Der Sandmann*, das klingt nach „Sandmännchen“, „Abendgruß“ und „Gute-Nacht-Geschichte“ und nicht nach dem eigentlichen Thema der Erzählung, also nach Wahnsinn und Tod. Schon in diesem angedeuteten Gegensatz von harmloser Alltäglichkeit und äußerster Not zeichnet sich der Schrecken ab, den die Erzählung beschreibt und an den Leser weitergibt.

Hoffmanns Erzählung zählt zu den bedeutendsten Texten der Romantik. Mit der unheimlichen Wirkung, die von ihr ausgeht, stellt sie **kein oberflächliches Schauermärchen** dar, das sich am Ende in Wohlgefallen auflöst, sondern erzählt vielmehr sehr vielschichtig, lebendig und zeitlos aktuell von einer **grundsätzlichen Verunsicherung und psychischen Verletzung eines jungen Menschen**, die sich nicht wegreden oder heilen lässt und der dieser am Ende erliegt.

All dies geschieht nun aber nicht in Form eines aufklärenden Romans, sondern wird vielmehr in einer märchenhaften, fantastischen, ebenso psychologisch einfühlsamen wie auch kritisch-ironisch gemeinten Erzählung beschrieben und entspricht damit den damaligen, eben romantischen Vorstellungen davon, wie in der Literatur vom Leben und von den Erfahrungen eines Menschen berichtet werden sollte. Dazu gehört eine vielschichtige gestalterische und sprachliche Komposition, die das Hauptthema, den sich entwickelnden Wahnsinn Nathanaels, mit weiteren Themen verknüpft. Eine **Liebesgeschichte** – im Grunde sogar deren zwei – spielt dabei ebenso eine Rolle wie alchimistische Experimente und die Herstellung eines künstlichen Menschen. Darüber hinaus wird die künstlerische Frage reflektiert, wie man eine solche Erzählung überhaupt zu schreiben beginnt. Und immer wieder tauchen zwei **Motive** auf: das der **Augen** im Märchen vom Sandmann, in den Experimenten von Coppelius, in den Brillen und Perspektiven Coppolas, und das des **künstlichen Menschen** im Zusammenhang mit dem Automaten Olimpia.

Wesentliches Merkmal der Erzählung aber ist auch, dass sie sich immer wieder einer eindeutigen Interpretation entzieht, dass sie bis zum Schluss rätselhaft bleibt. Darin liegt die Faszination begründet, die sie bis heute ausübt. E. T. A. Hoffmann gibt keine einfachen Lösungen vor, sondern hält die Geschehnisse offen. Der Text fordert den Leser heraus, spielt mit ihm, provoziert ihn, indem zahlreiche Fragen aufgeworfen, aber nicht beantwortet werden. So wird der Leser immer wieder neu gefordert, sich mit dem Text und darüber hinaus auch mit sich selbst auseinander zu setzen.

Biografie und Entstehungsgeschichte

1 Leben und Werk E. T. A. Hoffmanns

Die Wochentage bin ich Jurist und höchstens etwas Musiker, Sonntags am Tage wird gezeichnet und Abends bin ich ein sehr witziger Autor bis in die späte Nacht [. . .].[1]

Der Schriftsteller, Komponist, Zeichner und Jurist Ernst Theodor Wilhelm Hoffmann, der sich E. T. A. (für: Amadeus) Hoffmann nannte (1776–1822). Selbstbildnis (Radierung nach einer zeichnung Hoffmanns)

So hat E. T. A. Hoffmann in einem seiner Briefe einmal sich selbst beschrieben und damit die Vielseitigkeit angedeutet, die ihn zeit seines Lebens ausgezeichnet hat.

E. T. A. Hoffmann kam als Ernst Theodor Wilhelm Hoffmann am 24. Januar 1776 in Königsberg als drittes Kind des Rechtsanwalts Christoph Ludwig Hoffmann und seiner Ehefrau Luise Albertine auf die Welt. Seine beiden älteren Brüder waren Johann Ludwig, 1768 geboren, aber sehr früh verstorben, und der 1773 geborene Carl Wilhelm Philipp.

Hoffmanns Vater hatte eine Stelle am preußischen Gerichtshof und galt als ein zwar sehr origineller und künstlerisch begabter Mann, war aber alkoholabhängig und launenhaft. Hoffmanns Mutter wurde als extrem ordnungsliebend und sehr leicht erregbar beschrieben. Als E. T. A. Hoffmann vier Jahre alt war, ließen sich die Eltern scheiden, für damalige Zeiten sicher ein eher ungewöhnlicher Schritt. Der Bruder kam nach der Trennung zum Vater. Ernst aber wurde der Mutter zugesprochen und zog mit ihr in das Haus der Großmutter in Königsberg, in dem auch noch sein Onkel und seine Tante lebten, die Geschwister der Mutter. Die Atmosphäre in dieser Familie war emotional kühl und zugleich sehr pedantisch; das Kind entzog sich ihr durch seine regen Fantasien und Tagträume. Diese frühe **Flucht nach innen** sowie die emotionale Distanz, die in seinem nächsten Umfeld herrschte und die für die Ausbildung von Hoffmanns außerordentlicher Beobachtungsgabe, seinem Sinn für das Skurrile und der ihm eigenen Ironie und Spottlust natürlich förderlich war, bilden sicher das biografische Fundament für das literarische Werk dieses Schriftstellers.

1792, nach dem Ende seiner Schulzeit, begann Hoffmann ein Jurastudium. Anschließend, 1795, erhielt er eine Anstellung als Rechtsreferendar, zunächst noch in **Königsberg**, später dann in **Glogau**. Nach dem Referendarsexamen zog er nach **Berlin**. Später folgte als weitere berufliche Station **Posen**.

Weil Hoffmann Karikaturen preußischer Offiziere gezeichnet und auch an die Öffentlichkeit gebracht hatte, wurde er 1802 strafversetzt: Er erhielt eine unbezahlte Assessor-Stelle in **Plock**, einer Kleinstadt an der Weichsel. Da er inzwischen **verheiratet** war und das Ehepaar nicht genug Geld für den Lebensunterhalt hatte, mussten Hoffmann und seine Frau Maria Thekla Rorer-Trsynska, die er „Mischa" nannte, von Freunden und von der Familie finanziell unterstützt werden. 1804 wurde er dann aber doch, nicht zuletzt durch den Einfluss seines engen Freundes Theodor Gottlieb von Hippel, rehabilitiert und in **Warschau** zum Regierungsrat ernannt. Dort bekam das Ehepaar Hoffmann 1805 eine kleine Tochter, Cäcilie, die allerdings nur zwei Jahre alt wurde. Am Gericht in Warschau lernte Hoffmann auch den jüngeren Kollegen Julius Eduard Hitzig kennen, der sein Freund, Berater und späterer Biograf wurde. Durch Hitzig wurde Hoffmann mit den Werken der Romantiker Ludwig Tieck, Clemens Brentano, Wilhelm Heinrich Wackenroder und den Schriften der Brüder Friedrich und Wilhelm Schlegel bekannt gemacht. Hoffmann blieb bis 1806 in Warschau. Nach dem Einmarsch der napoleonischen Truppen wurde das Gericht, an dem er tätig war, aufgelöst.

Hoffmanns nächste Lebensstation war **Berlin**. Er ging erneut auf Stellensuche, diesmal in ganz anderen Bereichen. Denn das bereits seit seiner Jugend vorhandene große Interesse für **Musik**, **Theater**, **Malerei und Literatur** drängte sich mit der Zeit immer mehr in den Vordergrund. Hoffmann hatte sich selbst schon vor Jahren als Ausdruck für die Verehrung, die er Mozart entgegenbrachte, den Vornamen „Amadeus" zugelegt; überhaupt hing sein Herz zunächst vor allem an der Musik – das Interesse am Schreiben kam erst später. Aber er hatte den Wunsch, seinen künstlerischen Neigungen und Fähigkeiten Raum zu geben, bis dahin immer – aufgrund der Notwendigkeit, durch eine bürgerliche Existenz seinen Lebensunterhalt zu sichern – unterdrücken müssen, obwohl er in der Kunst wohl seine eigentliche Aufgabe sah. So führte er seit Jahren eine Art **Doppelexistenz**: Neben der juristischen Tätigkeit, die den Hauptteil seines Tages ausfüllte, verkehrte er in Künstlerkreisen, ging viel ins Theater und war 1805 in Warschau Mitbegründer der „Musikalischen Gesellschaft" gewesen, deren Eröffnungskonzert er sogar selbst dirigierte. In Berlin nun ohne feste Anstellung, versuchte er seinen Lebensunterhalt vor allem durch Komponieren und Musikunterricht zu verdienen – jedoch ziemlich erfolglos. Er verbrachte 1807 einen schlimmen Winter, hungernd und krank. Mithilfe eines Freundes erhielt er dann zwar 1808 eine Stelle als Kapellmeister in **Bamberg**, verlor aber durch Intrigen und Streitereien nach kurzer Zeit auch diese wieder. Erneut blieb ihm nur das Komponieren; daneben erschienen erste kleinere literarische Arbeiten. Während des Musikunterrichts, den er gab, verliebte er sich heftig und unglücklich – nicht zum ersten Mal in seinem Leben – in eine seiner Schülerinnen, die fünfzehnjährige Julia Marc. Die aussichtslose Geschichte endete in einem gesellschaftlichen Eklat.

1809 wurde seine **erste Erzählung**, *Ritter Gluck*, veröffentlicht. Hoffmann schrieb daraufhin eine weitere Reihe von Prosaskizzen, die *Kreisleriana*. 1813 übernahm er dann neuerlich eine Kapellmeister-Stelle, diesmal am **Leipzig**er Theater. Bald darauf aber musste er die Stadt, die von den Franzosen belagert wurde, wieder verlassen und zog zusammen mit seiner Frau und Joseph Seconda, dem Direktor des Leipziger Theaters, nach **Dresden**. Hoffmann schrieb nun immer häufiger; es entstanden kurze Prosastücke, Essays und seine erste längere Erzählung, *Der goldene Topf*. Weil er sich mit Seconda zunehmend schlechter verstand, verlor Hoffmann auch die Stelle am Dresdener Theater wieder. Erneut versuchte er, sich ohne feste Anstellung durchzuschlagen, indem er Karikaturen zeichnete und Musikkritiken schrieb. Zudem arbeitete er an einem Roman, *Die Elixiere des Teufels,* der 1815/16 erschien.

1814 ging Hoffmann zurück nach **Berlin**. Man hatte ihm, zunächst probeweise, erneut eine Anstellung am dortigen Kammergericht verschafft. Seine materielle Existenz war von nun an einigermaßen gesichert. Auch blieb ihm nun neben seiner Arbeit noch genügend Zeit zum Schreiben, Komponieren, Zeichnen und für ein gesellschaftliches Leben. Er war als der Dichter der *Fantasiestücke in Callots Manier*, die 1814 erschienen waren und viel gelesen wurden, nun schon recht bekannt. Zeitgenossen beschrieben ihn als kleinen Mann, in einem braunen Frack, mit gelben Hosen und einer geblümten Weste, beweglich, ein wenig zappelig, nicht schön, aber mit eindrucksvollem Gesicht, hochstehenden Haaren und geradezu suggestiven Augen, deren

Blick man förmlich spürte, auch wenn man sie nicht sah. Er kannte viele Menschen, saß zusammen mit anderen Dichtern seiner Zeit – etwa Joseph von Eichendorff oder Clemens Brentano – in den Berliner Cafés und Restaurants, besuchte die seit kurzem in Mode gekommenen Teeparties in den Salons der „besseren Gesellschaft" und verbrachte die Nächte mit seinen Freunden im **Weinhaus von Lutter und Wegner**. Dort trank er dann wahrhaft exzessiv, aber der Alkohol beflügelte eben auch zusätzlich seine an sich schon lebhafte Fantasie. Im Rausch entfaltete er in seinen Geschichten ein regelrechtes Feuerwerk an Witz und Fantasie, sodass seine Zuhörer ihm oft mehrere Stunden lang lauschten. Die Abende mit E. T. A. Hoffmann bei Lutter und Wegner wurden mit der Zeit zu einer regelrechten Attraktion.

E. T. A. Hoffmann und Ludwig Devrient im Weinhaus von Lutter und Wegner in Berlin. Aquarell von Karl Themann aus dem Jahre 1832

Trotz der Anstrengung dieser langen Nächte und seiner Tätigkeit am Gericht war Hoffmann als Schriftsteller und Komponist in diesen Jahren außerordentlich produktiv und erfolgreich. Die *Nachtstücke*, zu denen die Erzählung *Der Sandmann* gehört, entstanden zwischen 1814 und 1817. Daneben wurde 1816 im Königlichen Schauspielhaus am Berliner Gendarmenmarkt mit großem Erfolg die Oper *Undine* uraufgeführt, die Hoffmann zur gleichnamigen Erzählung von Friedrich de la Motte-Fouqué komponiert hatte. Nach heutigen Maßstäben geradezu ein Bestseller wurde zudem Hoffmanns 1818 entstandene Kriminalgeschichte *Das Fräulein von Scuderi*.

Nur gesundheitlich war Hoffmann, der bereits seit längerem an Gicht erkrankt war, zunehmend beeinträchtigt. Die anstrengende Doppelexistenz als Jurist und Künstler forderte mit der Zeit ihren Tribut. Hinzu kam, dass E. T. A. Hoffmann 1816 zum **Kammergerichtsrat** ernannt und 1819 dann in die staatliche „Immediat-Kommission zur Ermittlung hochverräterischer Verbindungen und anderer gefährlicher Umtriebe“ berufen wurde. Anlass zur Bildung dieser Kommission waren die so genannten „Karlsbader Beschlüsse“, mit deren Hilfe die deutschen Fürsten revolutionäre Strömungen, vor allem von Seiten der Studentenverbindungen, einzudämmen versuchten. Hoffmann, der zwar kein Revolutionär war und an sich nicht mit der Burschenschafts- und Turnbewegung sympathisierte, setzte sich dennoch für die, gegen die er eigentlich ermitteln sollte, ein. In mehreren Fällen, unter anderem auch dem des „Turnvater“ Jahn, versuchte Hoffmann die Haltlosigkeit der Anschuldigungen und die Willkür des Staates zu demonstrieren, und war damit zum Teil auch erfolgreich. Zudem karikierte er 1822 in seinem Roman *Meister Floh* mit der Figur des „Knarrpanti“ das rigorose Vorgehen eines hohen Beamten, des Polizeidirektors Albert von Kamptz. Als dieser davon erfuhr, leitete er noch vor Erscheinen des Romans ein **Disziplinarverfahren** gegen den zu diesem Zeitpunkt bereits schwer kranken Hoffmann ein. Den Ausgang dieses Verfahrens, der wohl in einer erneuten Amtsenthebung bestanden hätte, erlebte Hoffmann nicht mehr. Er starb am 25. Juni 1822 in Berlin, im Alter von 46 Jahren. *Meister Floh* erschien zwar noch im selben Jahr, allerdings in einer zensierten Fassung.

2 Entstehungsgeschichte der Erzählung

Auf dem Manuskript der ersten Fassung des *Sandmanns* ist vermerkt: „Der Sandmann / d. 16. Novbr. 1815 Nachts 1 Uhr". Geschrieben hat Hoffmann die Erzählung also im Jahr 1815. Er hat sie aber sprachlich und in ihrem Handlungsverlauf mehrfach überarbeitet. *Der Sandmann* erschien dann Ende 1816 mit der Jahreszahl 1817 im ersten Teil von E. T. A. Hoffmanns zweiteiliger Erzählsammlung *Nachtstücke: Herausgegeben von dem Verfasser der Fantasiestücke in Callots Manier* in der Reimerschen Realschulbuchhandlung in Berlin, wo viele Werke der damals modernen Schriftsteller herauskamen, so beispielsweise 1810 und 1811 die beiden Bände mit den Erzählungen Heinrich von Kleists. Da die Resonanz auf das Buch bei Publikum und Kritik recht gering war, gab es zu Hoffmanns Lebzeiten keine weitere Auflage.

Der Begriff **Nachtstücke** ist aus der Malerei entlehnt und steht für die Darstellung einer nächtlichen, manchmal auch etwas gespenstisch wirkenden Szene mit ihren besonderen Hell-Dunkel-Effekten. In der Literatur wurde er erstmals von dem Schriftsteller Jean Paul verwendet, und zwar als Bezeichnung für Prosa, die von gespenstischen Vorgängen erzählt. Durch E. T. A. Hoffmann wird der Begriff um den Aspekt der ‚nächtlichen', das heißt der dunklen, unbewussten Vorgänge der menschlichen Seele und ihrer Erkrankungen erweitert. (In der zeitgenössischen Psychologie war der Begriff der „dunklen Vorstellungen" geläufig, die schon viel Ähnlichkeit mit dem später von Sigmund Freud so benannten „Unbewussten" hatten).

Als literarische Anregung für seine *Nachtstücke* dienten Hoffmann wohl die zum Teil auch recht düsteren Erzählungen und Märchen von Ludwig Tieck. Zudem kannte er Gotthilf Heinrich Schuberts *Ansichten von der Nachtseite der Naturwissenschaft*, die 1808 erschienen waren, und *Symbolik des Traums* aus dem Jahr 1814. Beide trugen damals allgemein zu einer veränderten Sicht auf unbewusste Vorgänge im menschlichen Leben bei und haben Hoffmann ebenso beeinflusst wie die ebenfalls zu Beginn des 19. Jahrhunderts erschienenen wissenschaftlichen Arbeiten von Philippe Pinel und Johann Christian Reil zum Thema der geistigen Verwirrung.

Jacques Callot, auf den Hoffmann in dem Titel der *Nachtstücke* Bezug nimmt, war ein französischer Kupferstecher (1592 bis 1635), dessen Bilder Hoffmann aufgrund ihrer präzisen, fantasievollen und gleichzeitig lebendigen Darstellung menschlicher Gestalten sehr bewunderte.

„Razullo und Cucurucu" aus der Bilderfolge „Balli di Sfessania".
Kupferstich von Jacques Callot, um 1622

Inhaltsangabe

Erster Brief: Nathanael an Lothar (S. 3–12)

Nathanael, ein junger Student, schreibt einen sorgenvollen Brief an seinen Freund Lothar, in dem er erklärt, warum er ihm so lange nicht mehr geschrieben hat. Er erzählt Lothar, dass er vor wenigen Tagen in seiner Wohnung eine kurze Begegnung mit einem angeblichen Wetterglashändler namens Coppola hatte. Dieser Besuch hat ihn sehr verängstigt, denn Coppola erinnert ihn an einen Advokaten namens Coppelius, der während Nathanaels Kindheit häufig in dessen Elternhaus zu Gast war. Mit dem Advokaten Coppelius verknüpfen sich für Nathanael traumatische Kindheitserlebnisse, die er in der Zwischenzeit verdrängt hatte. Durch die Begegnung mit Coppola sind sie ihm wieder bewusst geworden und lösen nun bei ihm ein starkes Gefühl der Bedrohung aus. Nathanael schildert Lothar, wie er und seine Schwestern in ihrer Kindheit an manchen Abenden von der sichtlich beunruhigten Mutter früher als sonst zu Bett geschickt wurden. Als Begründung gab sie an, der Sandmann käme. Als sich Nathanael daraufhin bei der Kinderfrau erkundigte, wer denn der Sandmann sei, erzählte ihm diese, der Sandmann raube den Kindern, die nicht schlafen wollten, die Augen und werfe diese den eigenen Sprösslingen zum Fraß vor. Durch dieses Märchen sehr erschreckt und doch gleichzeitig auch neugierig geworden, wartete Nathanael einige Jahre später einen neuerlichen Besuch des ‚Sandmanns' ab, um von einem Versteck im Zimmer des Vaters aus diesen endlich zu sehen. Zu seinem großen Entsetzen entdeckte er dabei, dass der angebliche Sandmann der von den Kindern schon seit langem gefürchtete Advokat (Rechtsanwalt) Coppelius war und dass dieser zusammen mit dem Vater heimlich alchimistische Experimente durchführte. Als der Junge, von dieser Beobachtung völlig verstört, aus seinem Versteck stürzte, ging Coppelius auf ihn los. Nathanael hatte bei dieser Begegnung den Eindruck, dass Coppelius ihm für ein Experiment zuerst die Augen rauben wollte, vom Vater nur mit großer Mühe davon abgehalten wurde und sich daraufhin anscheinend in bedrohlicher Weise an Nathanaels Gelenken zu schaffen machte. Während dieser Wahrnehmung, die möglicherweise auch als beginnender Fiebertraum verstanden werden kann, verlor Nathanael das Bewusstsein und erkrankte schwer für mehrere Wochen. Nach diesem Vorfall traf sich der Vater längere Zeit nicht mehr mit dem Rechtsanwalt. Ein Jahr später jedoch betrat Coppelius erneut – zum letzten Mal, wie der Vater der Mutter versprach – das Elternhaus. Bei dem Experiment, dass sie in dieser Nacht durchführten, verunglückte der Vater tödlich, Coppelius aber war seitdem verschwunden. Nun scheint er in Gestalt des Wetterglashändlers Coppola wieder aufgetaucht zu sein. Nathanael schwört, den Tod des Vaters zu rächen.

Zweiter Brief: Clara an Nathanael (S. 12–16)

Clara, Nathanaels Verlobte, hat diesen Brief, der eigentlich an ihren Bruder Lothar gerichtet war, aber von Nathanael versehentlich an sie adressiert worden ist, gelesen. Sie versucht nun, Nathanael mit ihrem Brief zu beruhigen. Sie gesteht ihm, dass der Inhalt seines Briefes sie zwar zunächst sehr erschüttert habe; aber nach einem klärenden Gespräch mit Lothar hat sie die Gewissheit gewonnen, dass alles, was an den geschilderten Ereignissen so schauerlich wirkt, sich nur in Nathanaels Innerem, in seinen Gedanken so abgespielt haben kann und nicht in der Realität. Der Tod des Vaters sei auf dessen eigene Unvorsichtigkeit zurückzuführen, nicht auf das Einwirken von Coppelius. Sie bittet Nathanael, von seiner Vorstellung abzulassen, dass es einen Zusammenhang zwischen dem Sandmann, Coppola und

Coppelius geben könnte. Dann werde sich die angstvolle Stimmung, in der er sich befinde, von alleine auflösen. Sie fordert ihn auf, heiter zu sein, und äußert die Absicht, als sein Schutzgeist alles, was ihn bedrückt, mit ihrem Lachen zu vertreiben.

Dritter Brief: Nathanael an Lothar (S. 16–17)

Nathanael beschwert sich bei Lothar über Claras Brief, den er unangemessen und leichtfertig findet und für dessen Inhalt er Lothar mitverantwortlich macht. Darüber hinaus berichtet er von einem italienischen Professor namens Spalanzani, bei dem er Physik-Vorlesungen hört. Da Spalanzani Coppola offenbar seit langem kennt, scheint sich für Nathanael der Verdacht, Coppola und Coppelius könnten identisch sein, wieder zu zerstreuen. Spalanzani selbst wirkt auf Nathanael aber etwas sonderbar, sowohl in seinem Aussehen, als auch aufgrund der Beobachtung, dass dieser offenbar seine Tochter Olimpia im Haus versteckt hält. Nathanael kündigt am Ende des Briefes seinen Besuch zu Hause, und damit bei Lothar und Clara, an und äußert die Hoffnung, dass dann alle Verstimmungen ausgeräumt werden können.

Der Ich-Erzähler reflektiert über seine Erzählung (S. 17–19)

Nach der Mitteilung dieser drei Briefe meldet sich erstmals der Ich-Erzähler zu Wort. Er spricht den Leser direkt an und schildert ihm zunächst, wie schwierig er es findet, für ein wichtiges Ereignis, von dem man berichten möchte, einen entsprechend eindrucksvollen Anfang zu finden, der den Leser oder Zuhörer sogleich gefangen nimmt. Auch beim Schreiben dieser Erzählung hat der Erzähler mehrere Möglichkeiten anzufangen in Betracht gezogen und dann doch wieder verworfen. Die drei von ihm schließlich an den Anfang gestellten Briefe vergleicht er mit der vorläufigen Skizze eines Malers, die dann durch die folgenden Ereignisse gleichsam ausgefüllt werde: das Bild, die Handlung, erhalte so immer mehr Farbe und Ausdruck.

Nathanaels Reise zu Clara und seiner Familie (S. 19–26)

Der Erzähler berichtet nun – nachdem er sich zuerst noch eingehender über Clara geäußert hat – weiter, wie Nathanael nach seiner Rückkehr ins Haus der Mutter verändert erscheint. Auch im Umgang zwischen ihm und Clara, die zusammen mit ihrem Bruder Lothar bei Nathanaels Mutter lebt, stellt sich nicht mehr die alte Vertrautheit ein. Zwar versucht Nathanael, Clara durch Gespräche und Dichtungen, die er verfasst, an seinen Ängsten teilhaben zu lassen. Aber sie sträubt sich unwillkürlich dagegen, weil sie diese Offenbarungen befremden und erschrecken. Nathanael fühlt sich von Clara nicht verstanden, was er ihr schließlich heftig und mit beleidigenden Worten vorwirft. Als Lothar von dieser Auseinandersetzung erfährt, fordert er Nathanael zum Duell. Clara kann den Kampf in letzter Minute verhindern. Alle versöhnen sich wieder und Nathanael reist, nun wie von einer Last befreit, an seinen Studienort zurück.

Nathanaels erneute Begegnung mit Coppola und sein Interesse für Olimpia (S. 26–30)

Bei seiner Ankunft dort muss Nathanael feststellen, dass das Haus, in dem er bisher wohnte, in der Zwischenzeit abgebrannt ist. Er bezieht daraufhin ein von seinen Freunden bereits ausgesuchtes anderes Zimmer, das der Wohnung von Spalanzani direkt gegenüberliegt. In deren Räumen sieht Nathanael immer wieder die regungslose Olimpia sitzen, ohne allerdings zunächst wirkliches Interesse an ihr zu entwickeln. Eines Tages aber bekommt Nathanael erneut Besuch von Coppola, der ihm diesmal Brillen verkaufen will, die er – sprachlich unbeholfen – als „sköne Oke“ (schöne Augen) anpreist. Als Nathanael über die unheimliche Wirkung, die diese Brillen auf ihn ausüben, sehr erschrickt, bietet Coppola ihm Perspektive, also Ferngläser an. Nathanael kauft ihm eines dieser Gläser ab und richtet es auf Olimpia. Nun erscheint sie ihm auf einmal so verführerisch, dass er kaum noch den Blick von ihr abwenden kann. Kurz darauf erfährt er durch seinen Freund Siegmund, dass Spalanzani ein Fest plant, auf dem er seine Tochter der Gesellschaft vorstellen will. Auch Nathanael erhält eine Einladung.

Spalanzanis Fest (S. 30–33)

Olimpia singt auf diesem Fest vor einem großen Publikum. Sie trägt ihren Gesang zwar ausgesprochen perfekt vor, wirkt aber auch hierbei steif und leblos. Nathanael beobachtet sie während der Feier zunächst durch sein Fernglas, und da er meint, dass sie ebenfalls sehnsüchtig zu ihm herüberblickt, verliebt er sich noch mehr in sie. Vom Wein zusätzlich berauscht, verbringt er den ganzen Abend mit ihr. Er bemerkt dabei das Mechanische ihres Verhaltens ebenso wenig wie den Spott der anderen Gäste und macht ihr innige Liebesgeständnisse. Am Ende des Festes lädt Spalanzani ihn ein, Olimpia doch häufiger zu besuchen.

Das Fest bei Spalanzani. E. T. A. Hoffmanns Erzählung „Der Sandmann", von Rainer Lewandowski im E. T. A. Hoffmann-Theater Bamberg als Theaterstück inszeniert (Spielzeit 2003/2004). Manfred Gerling als Spalanzani, Andreas Ulrich als Nathanael und Olivia Sue Dornemann in der Doppelrolle Olimpia/Clara. Foto: Ingrid Rose

Nathanaels Liebe zu Olimpia (S. 33–38)

In einem Gespräch mit Nathanael äußert Siegmund, dass er sich über dessen Liebe zu der seelenlos wirkenden Olimpia wundere. Nathanael erklärt ihm aber, dass sich allen anderen das wahre, poetische Wesen dieser Frau wohl nicht erschließe. Clara hat er von nun an völlig vergessen. Stattdessen verbringt er viele Stunden mit Olimpia, liest ihr aus seinen Werken vor und fühlt sich dabei von ihr verstanden und ermutigt wie noch von keinem anderen Menschen, obwohl sie weiterhin kaum mehr als „Ach" hervorbringt. Bisweilen in Nathanael doch aufkeimende Zweifel an der Art ihres Wesens verdrängt er. Als er schließlich um ihre Hand bitten will, wird er Zeuge einer heftigen Auseinandersetzung zwischen Spalanzani und Coppola, bei der Spalanzani schwer verletzt wird. Zu seinem Entsetzen muss Nathanael erkennen, dass seine Geliebte lediglich eine Holzpuppe ist, die nun kaputt ist: Die beiden Männer, Olimpias Erfinder und Konstrukteure, haben ihr eigenes Werk im Streit zerstört. Als Spalanzani zudem Olimpias auf dem Boden liegende Augen auf Nathanael wirft, packt diesen der Wahnsinn. Er versucht, Spalanzani zu töten, wird aber vom hinzukommenden Freund Siegmund daran gehindert und anschließend ins Tollhaus gebracht.

Beschreibung der gesellschaftlichen Reaktionen auf die Enthüllung (S. 38–39)

Der Ich-Erzähler berichtet kurz vom weiteren Schicksal Spalanzanis. Dieser ist von seinen Verletzungen zwar wieder genesen, hat sich aber durch Flucht einer Untersuchung seiner Machenschaften entzogen. Er hatte Olimpia auch an diversen Teezirkeln teilnehmen lassen, ohne dass der Betrug aufgeflogen ist. Nun empört sich die Gesellschaft darüber, dass man sie getäuscht hat und ist zugleich verunsichert, dass diese Täuschung überhaupt gelingen konnte. Vor allem das eifrige Bemühen von Verliebten, ihre Natürlichkeit unter Beweis zu stellen, treibt groteske Blüten.

Nathanaels Ende (S. 39–42)

Nathanael erwacht im Haus seiner Mutter nach langer Krankheit und scheint, auch durch liebevolle Pflege, vollständig genesen. Clara und er wollen nun heiraten und zusammen mit der Mutter auf ein geerbtes Gut außerhalb der Stadt ziehen. Nach einem Einkaufsgang besteigen Nathanael und Clara den Rathausturm, um noch einmal die Aussicht zu genießen. Dabei entdeckt Nathanael in seiner Tasche Coppolas Perspektiv. Als er hindurchblickt und Clara sieht, kehrt sein Wahnsinn zurück: Er hält Clara für eine Holzpuppe und versucht in wilder Raserei, sie vom Turm zu stoßen. Lothar kann Clara in letzter Minute retten, während oben Nathanael wütet. Unterhalb des Turms versammelt sich eine Menschenmenge, darunter auch der plötzlich wieder aufgetauchte Advokat Coppelius, der lachend prophezeit, Nathanael werde schon von selbst herunterkommen. Als dieser ihn von oben entdeckt, springt er mit dem Schrei „sköne Oke“ über das Geländer in den Tod. Coppelius verschwindet. Clara aber, so teilt der Erzähler dem Leser am Schluss mit, soll nach einigen Jahren doch noch das ihrem Wesen entsprechende Familienglück gefunden haben.

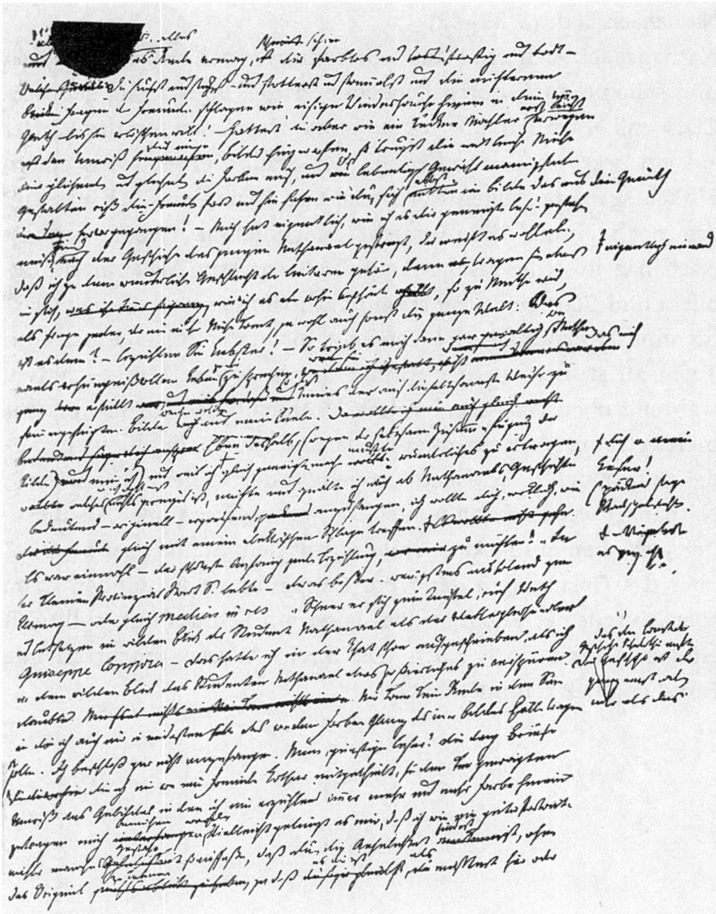

Manuskriptseite aus E. T. A. Hoffmanns Erzählung „Der Sandmann“

Textanalyse und Interpretation

1 Aufbau der Erzählung

Die Struktur der Erzählung *Der Sandmann* spiegelt die sich steigernde Dramatik der Handlung wider. Der Text besteht aus drei großen Phasen, die zweimal von einer retardierenden Zwischenphase unterbrochen werden.

Erste Phase

Die drei Briefe, mit denen der *Sandmann* beginnt, erfüllen den Zweck einer **Exposition:** Die gesamte Thematik der Erzählung ist in ihnen bereits umrissen. Die Hauptpersonen treten auf, Nathanaels traumatische Kindheitserfahrung wird beschrieben, seine Zerrissenheit und der Konflikt zwischen Clara und ihm schimmern durch und auch die geheimnisvolle Olimpia tritt bereits kurz in Erscheinung.

- Im ersten Brief werden die große Beunruhigung Nathanaels und die Vorgeschichte der Ereignisse geschildert (S. 3–12).
- Im zweiten Brief versucht Clara Nathanael zu beruhigen und dessen Erlebnisse zu erklären (S. 12–16).
- Der dritte Brief enthält Nathanaels Versuch, sich von seinen Ängsten freizumachen, aber auch – in der Beschreibung der Gestalt Olimpias – die Andeutung von weiterem drohendem Unheil (S. 16–17).

Erste Verzögerung

- Der Erzähler schaltet sich ein und denkt – unter Einbeziehung des Lesers – über die geeignete Erzähltechnik nach (S. 17–20).
- Er informiert eingehend über Claras Persönlichkeit (S. 20–21).

Zweite Phase

Dieser Teil enthält die eigentliche Handlung der Erzählung und endet in einer ersten Katastrophe.

- Während Nathanaels Aufenthalt zu Hause kommt es zwischen ihm und Clara zu einer immer stärkeren Entfremdung. Die angespannte Situation eskaliert im Streit, der dann aber doch in einer vorläufigen Versöhnung endet (S. 21–26).
- Nach Nathanaels Rückkehr an seinen Studienort kommt es zu einer neuerlichen Begegnung mit Coppola. Danach erwacht Nathanaels Liebe zu Olimpia, deren bloße Tatsache bereits den nun erreichten Grad seiner Isolation und Verwirrung anzeigt. Dieser Zustand steigert sich bis hin zum psychischen und physischen Zusammenbruch (S. 26–38), der durch die Entdeckung ausgelöst wird, dass Olimpia lediglich ein Automat ist.

Zweite Verzögerung

- Der Ich-Erzähler schildert die Reaktionen der Gesellschaft auf das Öffentlichwerden des Betrugs (S. 38 f.).

Dritte Phase

Hoffmann deutet zunächst ein Happyend an, woraufhin die zweite Katastrophe umso erschütternder wirkt.

- Nathanael wird gesund gepflegt, will Clara heiraten, bringt sie dann aber in einem erneuten Anfall von Wahnsinn beinahe um und stürzt sich anschließend selbst zu Tode (S. 39–42).
- Die Erzählung endet epilogartig mit einem kurzen Ausblick auf Claras – vermutliches – weiteres Leben (S. 42).

Die Handlung der Erzählung umfasst insgesamt den **Zeitraum von etwa 20 Jahren**, von Nathanaels früher **Kindheit an bis zu der Zeit nach seinem Tod** als ungefähr zwanzigjähriger junger Mann. Diese Zeitspanne breitet Hoffmann in seiner Darstellung nicht als kontinuierlich erzählte Lebensgeschichte aus, sondern er teilt das Geschehen in sehr ausführlich geschilderte sowie auch in zeitlich stark geraffte Abschnitte.

Verschiedene Begebenheiten werden detailliert beschrieben, sodass **Erzählzeit** und **erzählte Zeit** sich phasenweise – und zwar, wie zu erwarten, in den zentralen Szenen der Erzählung – annähern: Das gilt für Nathanaels Begegnung mit Coppelius im Arbeitszimmer des Vaters ebenso wie für sein Gespräch mit Clara im Garten, den zweiten Besuch Coppolas in der Wohnung von Nathanael, einzelne Momente während des Festes im Hause von Spalanzani, das Gespräch mit Siegmund, die Auseinandersetzung zwischen Coppola und Spalanzani und den Vorfall auf dem Turm. Dazwischen finden sich größere Zeiträume, die sehr verkürzt dargestellt sind, wie beispielsweise Nathanaels erste Kindheitsjahre oder die Wochen nach seiner letzten Gesundung. Nahezu ganz ausgespart werden die Phasen von Nathanaels Erkrankungen.

2 Figuren

Vorüberlegungen

E. T. A. Hoffmann hat den *Sandmann* seiner Sammlung *Nachtstücke* zugeordnet, doch spielt die „Nacht“ im eigentlichen Sinn in dieser Erzählung gar keine bedeutende Rolle. Im Gegenteil: Fast alle wichtigen Ereignisse finden am helllichten Tag statt, oft sogar zur Mittagsstunde. So wird bei der Lektüre schon bald deutlich, dass es in dieser Erzählung um die „Nacht“ am Tag, um die „Nacht“ im metaphorischen Sinn, also vor allem um die **„Nachtseiten“** des Menschen geht.

Alles Wesentliche in der Erzählung hat ein **„Doppelgesicht“**, also gewissermaßen eine Tag- und eine Nachtseite. Viele der geschilderten Ereignisse oder Personen bleiben unklar, bisweilen auch in sich widersprüchlich. Nicht nur die schauerlichen Ereignisse an sich, sondern auch gerade die **Zwiespältigkeit** der Personen lassen die Geschichte so unheimlich wirken: denn oft kann der Leser nicht endgültig darüber entscheiden, welches „Gesicht", welche Merkmale, welche Zusammenhänge denn nun die „richtigen", die wirklich „wahren" sind. So bleibt offen, ob Nathanael nun von Coppelius und seinen dunklen Machenschaften in den Wahnsinn getrieben worden ist oder ob er das Opfer seiner eigenen Fantasien und seines kindlichen Traumas wurde. Hoffmann entscheidet nicht endgültig darüber, ob Claras rationaler Standpunkt Nathanaels Ängsten gegenüber nun wirklich vernünftig ist. Claras Einstellung ist für den Leser zwar sehr verständlich, aber ein kleiner Zweifel an der Richtigkeit ihres Verhaltens bleibt am Ende durchaus bestehen. Coppelius ist einerseits Advokat, und unternimmt andererseits seine alchimistischen Versuche, ebenso wie Nathanaels Vater offenbar eine Doppelexistenz führt, von der zwar die Mutter weiß, die aber vor den Kindern geheimgehalten werden muss. Coppola ist eine zwielichtige Gestalt, genauso wie Spalanzani. Und Olimpia wird durch Nathanaels Perspektiv zur lebendigen Frau, hat also auch eine Art zweites Leben, wenn auch nur in der Wahrnehmung, der Fantasie Nathanaels. Nichts ist ausschließlich so, wie es zunächst scheint, alles besitzt noch eine andere, eben „dunklere" Seite. Diese Erfahrung prägt vor allem Nathanaels Leben und lässt ihn einen elementaren Vertrauensverlust, eine tiefgreifende Verunsicherung erleiden, die Hoffmann in seiner Erzählung an den Leser weitergibt. Denn auch dieser weiß am Ende nicht genau, wie denn nun alles zugegangen ist.

Nathanael

Nathanaels Fantasie und das Entstehen seiner Angst

Nathanaels Name stammt aus dem Hebräischen und bedeutet: „Gott hat gegeben". Im Griechischen entspricht ihm der Name „Theodor", also einer der Vornamen E. T. A. Hoffmanns.

Nathanael ist das Kind einer bürgerlichen Familie. Er lebt zusammen mit seinen Eltern und Schwestern in einer Wohnung. Die Mutter ist zu Hause tätig, der Vater geht vielbeschäftigt seinem „Dienst“ (S. 4, 15) nach. Welcher Art dieser Dienst ist, erfährt man nicht, der Vater könnte aber ein Beamter gewesen sein. Für die Betreuung der Kinder gibt es zusätzlich eine Wartefrau. Abends sitzt die Familie beisammen, der Vater erzählt Geschichten. Hoffmann beschreibt damit eine Familie ohne große materielle Sorgen, in der die Kinder behütet und gut versorgt aufwachsen können.

Dennoch hat Nathanael bereits als Kind die Vorstellung entwickelt, dass sein Leben von einer **großen Bedrohung** überschattet ist. Ursache dieser **Angst** ist das Märchen vom Sandmann, der ungehorsamen Kindern Sand in die Augen streut und sie ihnen dann raubt. Diese Geschichte wird zur wichtigsten Erfahrung in Nathanaels Kindheit, sie drängt alles andere in den Hintergrund. In seiner sehr **ausgeprägten kindlichen Fantasie** beschäftigt sich Nathanael immer wieder mit der Person des Sandmanns, denn aufgrund eines der Missverständnisse, denen Kinder vielfach ausgesetzt sind, glaubt Nathanael, dass diese ihn ängstigende Gestalt häufig abends zu seinen Eltern ins Haus kommt. An diesen Abenden gerät das harmonische Familienleben in Unordnung: Die Kinder müssen früher ins Bett, der Vater wirkt bedrückt, die Mutter traurig. Da die Erklärung der Mutter (auf Nathanaels Nachfrage hin), dass es den Sandmann in Wirklichkeit gar nicht gebe, die einmal geweckte kindliche Neugier nicht befriedigt, fragt er zusätzlich noch die Kinderfrau. Erst deren Geschichte vom bedrohlichen Wesen des Sandmanns gibt ihm eine plausible Erklärung für das veränderte Verhalten der Eltern.

Vater und Mutter scheinen die Verängstigung, die diese Geschichte bei Nathanael ausgelöst hat, nicht zu bemerken, obwohl der Junge überall im Haus Zeichnungen von unheimlichen

Gestalten verteilt (vgl. S. 6). In seinem Brief an Lothar schreibt Nathanael über diese Kindheitsangst: „Jahre lang dauerte das, und nicht gewöhnen konnte ich mich an den unheimlichen Spuk, nicht bleicher wurde in mir das Bild des grausigen Sandmanns.“ (S. 5 f.) Nathanael ist **furchtsam und neugierig** zugleich und von dem unwiderstehlichen Drang getrieben, das Geheimnis um den mysteriösen Besucher des Vaters zu lüften. Seine Furcht und sein Interesse für den Sandmann verblassen auch in späteren Kinderjahren nicht, als er einzusehen gelernt hat, dass ihm die Kinderfrau damals nur eine Geschichte erzählt hat (vgl. S. 5). So kommt es schließlich – vermutlich bald nach dem zehnten Geburtstag des Jungen (vgl. S. 6) – im Zimmer des Vaters zu der bedrohlichen Begegnung mit dem Advokaten Coppelius.

Federzeichnung E. T. A. Hoffmanns zu seiner Erzählung „Der Sandmann“ (1815/1816)

Zwar erkennt Nathanael ihn als solchen, als Person. Aber im Moment des Zusammentreffens wird Coppelius für ihn dennoch zum furchterregenden Sandmann, der ihm, genau wie im

Märchen der Kinderfrau, die Augen rauben will. Die Kinderängste steigen schockartig in ihm auf, er verliert das Bewusstsein und liegt „mehrere Wochen krank“ (S. 10). Diese Krankheit wird als todesähnlicher Zustand beschrieben, der bereits auf Nathanaels tatsächliches Ende hindeutet: „alles um mich her wurde schwarz und finster, [...] ich fühlte nichts mehr. Ein sanfter warmer Hauch glitt über mein Gesicht, ich erwachte wie aus dem Todesschlaf“ (S. 10).

Da auch der spätere Tod des Vaters direkt mit Coppelius zusammenhängt (vgl. S. 11), ist dessen Person für Nathanael dauerhaft mit der Empfindung von Angst und größtem Entsetzen verknüpft.

Von diesem Trauma berichtet Nathanael in seinem Brief an Lothar, mit dem die Erzählung einsetzt. Hoffmann vermittelt mit der in diesem Brief enthaltenen Selbstdarstellung Nathanaels einen **sehr differenzierten Einblick in dessen psychische Verfassung**; die Art, in der er Nathanael erzählen lässt, ermöglicht dem Leser, die **Ängste und Befürchtungen** des Kindes unmittelbar nachzuvollziehen. Und doch lässt er den Leser gleichzeitig darüber im Zweifel, ob nicht alles der bloßen Einbildung Nathanaels entsprungen ist. Hoffmann gibt damit die Verunsicherung, die Nathanael empfindet, an den Leser weiter (vgl. *Interpretationshilfe* S. 78 f.).

Wiedererwachen der Angst und zunehmende Entfremdung zwischen Clara und Nathanael

Der erwachsene Nathanael hat die kindlichen Erlebnisse und Eindrücke verdrängt. Als Coppola jedoch Jahre später in Nathanaels Wohnung auftaucht und die vergessenen Ereignisse in ihm wieder wachruft, reagiert Nathanael einerseits mit Verzweiflung und Angst auf diese Begegnung, andererseits aber auch mit der mutigen Androhung, den Tod des Vaters rächen zu wollen. Noch ist er bereit, zu kämpfen. Er würde die Bedrohlichkeit der Begegnung gerne als Einbildung abtun, um seine Seelenruhe wiederzugewinnen. Aber die **Empfindung, dass ihn ein dunkles Geschick bedroht**, dass sein Leben nicht von ihm selbst, sondern von „dunklen Mächten" (S. 21) – verkörpert in den Gestalten Coppelius-Sandmann-Coppola – gesteuert wird, hat sich so tief in seine Seele eingegraben, dass alle Beruhigungsversuche sowohl von Lothar als auch von seiner Verlobten Clara ihn nicht wirklich erreichen.

Besonders Clara und Nathanael entfremden sich immer mehr. Nathanael ist enttäuscht, dass Clara seine Empfindungen und Gedanken nicht teilt, wenn er ihr seine immer düsterer werdenden Erzählungen oder Gedichte vorträgt, um sie davon zu überzeugen, dass „Coppelius das böse Prinzip sei" (S. 22) und nun auch ihr gemeinsames Liebesglück bedrohe. „Nathanael, der sich in Wissenschaft und Kunst kräftig und heiter bewegte" (S. 21), gerät zunehmend in „düstre Träumereien" (S. 21). Er reagiert gekränkt, als Clara seine Ausführungen nicht mit der erwünschten Aufmerksamkeit verfolgt; schuld daran sei ihr „kaltes prosaisches Gemüt" (S. 23). Dabei nimmt er nicht wahr, dass er sich immer tiefer in seine Vorstellungen eines drohenden Unglücks verstrickt. Auch wenn er einerseits unter diesen fantastischen Visionen leidet, empfindet er sich andererseits doch als der Überlegene. Er ist davon überzeugt, dass sich nur ihm, dem sensiblen und einfühlsamen Künstler, „solche tiefe[n] Geheimnisse" (S. 22) erschließen, die ihn von den normalen, nur dem Alltäglichen zugewandten Menschen, den „kalten unempfänglichen Gemütern" (S. 22), unterscheiden. Da er Clara liebt und er auch mit seinen Sorgen nicht allein sein möchte, will er sie an seinen Gedanken teilhaben lassen. Aber durch die zunehmende Verwirrung seiner Gedanken und Vorstellungen verliert sich offenbar seine Fähigkeit, fantasievoll und lebendig zu erzählen; stattdessen werden „seine Dichtungen düster, unverständlich, gestaltlos" und letztlich langweilig.

Das **Gedicht**, mit dem er Clara dann endlich von seinen Befürchtungen überzeugen will, ist eine **finstere Vision kommender Ereignisse**, eine Vorahnung des Wahnsinns, der in dem Bild des „Feuerkreises" zum Ausdruck kommt: In den Versen „erscheint der entsetzliche Coppelius und berührt Claras holde Augen: *die* springen in Nathanaels Brust wie blutige Funken sengend und brennend, Coppelius fasst ihn und wirft ihn in einen flammenden Feuerkreis, der sich dreht mit der Schnelligkeit des Sturmes und ihn sausend und brausend fortreißt" (S. 23). Aber der Versuch, Clara durch dieses Werk in seine Gedankenwelt hineinzuziehen, misslingt. Enttäuscht und zugleich mit einem Gefühl der Überlegenheit beschimpft Nathanael sie als „lebloses, verdammtes Automat!" (S. 25). Er bezeichnet damit Clara als das, was Olimpia, in die er sich später verlieben wird, tatsächlich ist.

In der Ungerechtigkeit gegenüber Clara deutet sich bereits die spätere Blindheit gegenüber Olimpia an. Die verhaltene Reaktion, die Nathanael an Clara scharf tadelt, erscheint ihm bei Olimpia als Ausdruck innigster Teilnahme. Einerseits zeigt sich in diesem unbeherrschten Ausruf Nathanaels wachsende Verwirrung, sein **zunehmender Realitätsverlust** durch seine sich immer weiter steigernden Fantasien. Auf der anderen Seite wirft der Zwischenfall auch die Frage auf, ob Clara es nicht tatsächlich an Verständnis für seine Ängste fehlen lässt. Hoffmann gelingt es, den Leser ein wenig im Zweifel darüber zu lassen, ob **Claras Mangel an Fantasie und Einfühlungsgabe** nicht mitverantwortlich dafür ist, dass Nathanael sich immer stärker in seine Wahnvorstellungen zurückzieht. Sie reagiert auf sein düsteres Gedicht lediglich mit dem Wunsch, er möge das „wahnsinnige Märchen ins Feuer" (S. 25) werfen und beklagt sich anschließend, er habe sie nie geliebt, denn er würde sie nicht verstehen. Der Erzähler im *Sandmann* merkt zwar an, dass Nathanaels Dichtungen „in der Tat sehr langweilig" (S. 23) gewesen seien.

Das liegt aber wohl nur daran, dass Nathanael offenbar nicht die richtigen Worte findet, um Clara deutlich zu machen, wie groß seine innere Not ist. Sie spürt das nicht oder hält es für besser, die Angelegenheit so zu behandeln, als handle es sich um eine Marotte, die Nathanael, wenn er nur will, wieder abschütteln kann. Die **Darstellung von Nathanaels Zustand** ist demnach **ebenso ambivalent wie die von Claras Verhalten**. Dem Leser werden beide Perspektiven, die Situation zu deuten, eröffnet. Dadurch wird er einerseits vom Erzähler auf **Distanz** zu den Ereignissen gehalten und gleichzeitig verunsichert, da er nicht weiß, welche Sicht nun zutrifft. Der Wunsch, hierüber Gewissheit zu erlangen, weckt zudem seine Erwartung auf den Fortgang der Handlung.

Nathanaels Liebe zu Olimpia

Nathanael ist innerlich ganz zerrissen. So wie die Furcht vor einer konkreten Bedrohung seines Lebens im Widerstreit mit der Vorstellung liegt, seine Ängste seien eben doch nur Einbildung, wechselt auch seine Liebe zu Clara sich ab mit Wut und Enttäuschung über ihr Unverständnis. Diese **Verunsicherung** bildet den Hintergrund dafür, dass Nathanael sich in den Automaten Olimpia verliebt und nicht bemerkt, dass sie ein künstliches Wesen ist.

Während er nach seiner Rückkehr an seinen Studienort zunächst nur entdeckt hat, dass sich in Spalanzanis Wohnung ein schönes, wenn auch leblos wirkendes Mädchen aufhält, das sein Interesse aber nicht sonderlich weckt, verändert sein Blick, seine ganze Wahrnehmung sich schlagartig in dem Moment, als er von Coppola das **Perspektiv** erhält. Es scheint so, als ob von jetzt an Coppola mit dem Perspektiv, durch eine Art geheimen Zauber, eine **Macht über Nathanael** ausübe. Das Perspektiv verändert Nathanaels Perspektive: Es ist, als wenn er mit den künstlichen Gläsern fremde Augen übernommen habe, die ihn zwingen, in Olimpia ein lebendiges Wesen zu sehen. Das Perspektiv ist der Schlüssel zu dieser Veränderung, es öffnet die Tür für dieses neue Sehen, das auch erhalten bleibt, als Nathanael nicht mehr durch das Fernglas schaut. Er hat dessen Sichtweise vollständig übernommen. Insofern kann man das Perspektiv – wenn man als Leser abgeneigt ist, ihm magische Kraft zuzubilligen – auch lediglich als äußeres Symbol für eine innere Wandlung Nathanaels ansehen, die ihn Olimpia nun mit neuen Augen betrachten lässt.

Hoffmann lässt den Erzähler sehr anschaulich schildern, wie sich dieser Wechsel in Nathanaels Wahrnehmung vollzieht:

> *Nun erschaute Nathanael erst Olimpias wunderschön geformtes Gesicht. Nur die Augen schienen ihm gar seltsam starr und tot. Doch wie er immer schärfer und schärfer durch das Glas hinschaute, war es, als gingen in Olimpias Augen feuchte Mondesstrahlen auf. Es schien, als wenn nun erst die Sehkraft entzündet würde; immer lebendiger und lebendiger flammten die Blicke. Nathanael lag wie festgezaubert im Fenster, immer fort und fort die himmlisch-schöne Olimpia betrachtend. (S. 28 f.)*

Das Fernglas bewirkt, dass seine Sicht auf Olimpia für sein Empfinden immer deutlicher wird, sodass er endlich ihr wahres Wesen zu erkennen glaubt. Aus der Sicht des Lesers jedoch stellt sich die vermeintliche Aneignung eines unter die Oberfläche dringenden Blicks als ‚Erblinden' dar, denn Nathanael sieht nun endgültig nicht mehr die Realität, die der Leser immer noch wahrnehmen kann. Auch hier findet sich wieder eine **Doppeldeutigkeit:** Das Fernglas, das eigentlich die Dinge in die Nähe rücken und dadurch klarer darstellen soll, dient ganz im Gegenteil dazu, deren wahre Beschaffenheit zu verschleiern und einen Menschen ‚in die Irre zu führen', was hier sogar wörtlich zu verstehen ist, denn Nathanael nähert sich immer mehr dem Irrsinn, dem Wahnsinn. Man kann den Vorgang aber auch so deuten, dass das Instrument dazu dient, einen bereits vorhandenen Zustand eines Menschen so zu steigern, dass dessen tatsächliches Wesen nun noch deutlicher zum Vorschein kommt: Die in Nathanael angelegte **Tendenz zur Realitätsverkennung** gewinnt endgültig Überhand.

Coppola und Spalanzani haben sich Nathanael als Bestandteil ihres Experiments mit einem künstlichen Menschen dadurch gesichert, dass sie ihn durch das Perspektiv in ihren Bann gebracht haben. Er wird damit zum **Opfer** ihres Experiments. An Nathanael, der durch seine biografischen Voraussetzungen, durch seine übersteigerten Fantasien und Ängste schon vorher nur noch über eine eingeschränkt klare Wahrnehmung verfügt hat, kann die Wirkung Olimpias ‚erprobt' werden. In Nathanael entsteht mit der durch das Perspektiv veränderten Sichtweise eine liebende ‚Blindheit', die ihn das automatenhafte Wesen Olimpias verkennen lässt. Dass sich der verliebte Nathanael in seiner Verblendung an Olimpia als stummer Zuhörerin berauscht, bringt seine starke **Ich-Bezogenheit** zum Vorschein, die als **narzisstische Persönlichkeitsstörung** erscheint.

So wie in der griechischen Sage der schöne, junge **Narziss** sich in sein eigenes Spiegelbild im Wasser eines Sees verliebt und danach nicht mehr von dieser Stelle weicht, sodass er schließlich vor Schwäche stirbt und sich in eine Narzisse verwandelt, so nimmt auch Nathanael nicht wahr, dass er in Olimpia nur das Spiegelbild seiner eigenen Wünsche liebt. Er ‚sieht' in der wortlosen Olimpia ein Wesen, das ihn liebt und seine dichterischen Werke begeistert zur Kenntnis nimmt: sie ist für ihn die **perfekte Zuhörerin,** weil sie **stumm und unkritisch** ist. Er scheint sich eine Frau von solch still teilnehmender Wesensart auch zu wünschen, sie bildet in ihrer ganzen Leere die ideale Projektionsfläche für all seine Sehnsüchte, die seine Verlobte Clara nicht erfüllt. Zwar überkommen ihn aufgrund von Olimpias Wortkargheit manchmal Zweifel, aber er bekämpft sie, indem er sich selbst von der Tatsache ihrer liebenden Blicke überzeugt, die für ihn „mehr als jede Sprache hienieden" (S. 36) aussagen. Wie auch schon vorher in den Unterhaltungen mit Clara zeigt sich hier deutlich, dass Nathanael an einem wirklichen geistigen Austausch mit einem anderen Menschen gar nicht interessiert ist. So wie er Claras anfänglich behutsame, später dann deutliche Einwände ihm gegenüber missachtet hat, so überhört er die einsilbigen ‚Bemerkungen' Olimpias und interpretiert sie in einer Weise, dass sie nur seine eigenen Wünsche widerspiegeln; auch wenn er sich einreden möchte, dass ihn die „psychische[] Wahlverwandschaft" (S. 35), die ihn angeblich mit Olimpia verbindet, so beglückt, geht es ihm letztlich doch nur um die **Erfüllung seiner eigenen Bedürfnisse**. Entsprechend berichtet der Erzähler von Nathanaels Verblendung mit kritisch-ironischer Distanz:

> *„O du herrliches, du tiefes Gemüt", rief Nathanael auf seiner Stube: „nur von dir, von dir allein werd ich ganz verstanden." Er erbebte vor innerem Entzücken, wenn er bedachte, welch wunderbarer Zusammenklang sich in seinem und Olimpias Gemüt täglich mehr offenbare; denn es schien ihm, als habe Olimpia über seine Werke, über seine Dichtergabe überhaupt recht tief aus seinem Innern gesprochen, ja als habe die Stimme aus seinem Innern selbst herausgetönt. Das musste denn wohl auch sein; denn mehr Worte als vorhin erwähnt, sprach Olimpia niemals."(S. 36)*

Der Erzähler lässt hier durchblicken, dass Nathanael zumindest ahnt, wie es um Olimpia bestellt ist. Er lässt diese Einsicht aber nicht an sich heran, weil Olimpia die Verkörperung seiner Sehnsucht ist, eine Zuhörerin zu haben, die in – vermeintlich – vollständigem Einklang mit ihm seine Werke unkritisch und bewundernd aufnimmt. Darin besteht die übermächtige Anziehungskraft, die sie auf ihn ausübt. Nathanaels Versagen besteht darin, sich diesen Zusammenhang nicht selbstkritisch einzugestehen.

Und dennoch ist Nathanael letztlich auch wieder nicht wirklich für seine ‚Blindheit' verantwortlich, da er ja, durch das Perspektiv verwirrt, unter dem Einfluss von Coppelius/Coppola und Spalanzani steht, beziehungsweise, nur anders ausgedrückt: da er im Bann eines kindlichen Traumas lebt, das er nicht einfach abschütteln kann. Das **Perspektiv** lässt sich somit als ein **Symbol für** eine durch ein frühes Trauma veränderte, **eingeschränkte Wahrnehmungs- und damit auch Handlungsfähigkeit** deuten. Aber auch diese Lesart ist nur eine unter mehreren möglichen Lesarten des Textes. Durch seine ironisch gebrochene Darstellung Nathanaels und der Vorgänge um ihn herum verwehrt E. T. A. Hoffmann dem Leser ein eindeutiges Verstehen, durch das die Ereignisse beispielsweise ausschließlich auf psychologische Prozesse zurückgeführt werden könnten.

Der endgültige Ausbruch des Wahnsinns

Olimpia als Automat entlarvt und Coppola und Spalanzani als Urheber dieser Täuschung zu erleben, bedeutet in doppelter Hinsicht einen erneuten Schock für Nathanael. Zum einen erkennt er, dass sein Dämon Coppelius wieder in sein Leben getreten, er ihm also nicht entronnen ist. Als er Olimpia ohne Augen, stattdessen mit schwarzen Höhlen im Wachsgesicht erblickt, kann er sich nicht länger vor der Einsicht verschließen, wie schwer er sich getäuscht hat, als er in ihr ein lebendiges Wesen zu lieben meinte. In dem Augenblick, als Spalanzani Olimpias am Boden liegende, blutige Augen mit den Worten „die Augen – die Augen dir gestohlen. […] – da hast du die Augen!" (S. 38) auf ihn wirft, holt ihn die Erinnerung an seine traumatische Kindheitserfahrung erneut ein. Dieser Ausruf Spalanzanis scheint zunächst unverständlich, denn Nathanael, den Spalanzani hiermit anzusprechen scheint, hat seine Augen ja nicht wirklich eingebüßt. Spalanzani war bei dem Erlebnis im Arbeitszimmer des Vaters auch nicht anwesend, kann also zunächst gar nichts davon wissen. Einen Sinn erhält dieser Ausruf möglicherweise aber dann doch unter der Voraussetzung, dass Spalanzani von diesem Ereignis durch Coppelius Kenntnis erhalten hat und zudem mit dieser Formulierung „die Augen dir gestohlen“ auf die eingeschränkte Wahrnehmungsfähigkeit Nathanaels anspielt, der Olimpia nicht als Automat erkannt hat. In diesem weiteren, von Hoffmann übertragen gemeinten Sinn bezieht sich die Beschreibung dann auch auf die seelische Verletzung, die Nathanael als Kind bei der Begegnung mit Coppelius im Arbeitszimmer des Vaters erlitten hat.

Das Erlebnis in Spalanzanis Wohnung lässt die düsteren Prophezeiungen aus Nathanaels Gedicht Wirklichkeit werden: „der entsetzliche Coppelius [...] berührt Claras holde Augen: *die* springen in Nathanaels Brust wie blutige Funken sengend und brennend, Coppelius fasst ihn und wirft ihn in einen flammenden Feuerkreis“ (S. 23). Der wiederholte Ausruf „Feuerkreis“ (S. 23 und 38) symbolisiert und beschreibt den nun vollständig ausbrechenden Wahnsinn: Nathanael entrinnt seinen Wahnvorstellungen und Ängsten nicht mehr. Sie umhüllen und ‚verbrennen‘ ihn, eben wie ein „Feuerkreis“. Die kindlich wirkenden Worte „Holzpüppchen hui schön“ (S. 38), mit denen sich Nathanael auf Spalanzani stürzt, zeigen, dass der Student in seinem Entsetzen über die Ereignisse zu einer Art Übersprungshandlung wechselt und, im Grunde voller Verzweiflung, in eine makaber anmutende Heiterkeit über seine Visionen ausbricht. Seine Worte steigern durch ihre groteske Harmlosigkeit noch das Grauen der Situation.

Nathanaels Zusammenbruch deutet an, dass er **zu einer rationalen Auseinandersetzung** mit den Ereignissen, die vielleicht noch zu einer Heilung führen könnte, **nicht in der Lage** ist. Zwar kann er sich noch einmal scheinbar erholen, kehrt nach

Hause zurück, wirkt ruhig und normal und versucht einen Neuanfang mit Clara. Aber die bürgerliche Idylle trügt: Nathanaels Zustand ist nicht stabil. Das endgültige Unheil bricht in dem Moment über ihn herein, als er zusammen mit Clara von ihrer Heimatstadt Abschied nehmen und auf dem „Ratsturm" der Stadt einen Blick in die Zukunft, „in das ferne Gebirge hinein" (S. 40) versuchen will. Sie sehen einen schon Unheil verkündenden, „sonderbaren kleinen grauen Busch" (S. 41), der sich ihnen nähert und bei dem es sich vermutlich um Coppelius mit seinen „buschigten grauen Augenbrauen" (S. 7) handelt. Dieser Anblick löst bei Nathanael fast reflexartig den Griff in die Tasche aus, wo er merkwürdigerweise das Perspektiv findet. Coppelius hat sich, auf welche Art auch immer dies konkret geschehen sein mag, durch dieses Instrument erneut seinen Einfluss auf Nathanael gesichert. Er verhindert, dass Nathanael den unbeeinträchtigten Blick, also das „rationale Prinzip", das er noch einmal zurückgewonnen zu haben schien, beibehalten kann. In dem Moment, als Nathanael nun durch das Glas schaut, verwirrt sein Geist sich vollständig und endgültig: er betritt erneut den „Feuerkreis" (S. 42) des Wahnsinns.

Die Szenerie knüpft an das frühere Erlebnis mit Olimpia in Spalanzanis Wohnung an, mit dem Unterschied, dass es nun Clara ist, die in diesem Augenblick für Nathanael zum „Holzpüppchen" wird (S. 41). Damit spielt Hoffmann noch einmal darauf an, dass Nathanael bereits früher Clara als „lebloses, verdammtes Automat" (S. 25) bezeichnet hat. Clara und Olimpia sind für Nathanael im Blick durch das Perspektiv nicht mehr zu trennen. In seinem Wahn will er nun vernichten, was er da sieht, will das Automaten-Wesen beseitigen, das für ihn mit seinem Dämon Coppelius-Coppola-Sandmann aufs engste verknüpft ist. Die „Holzpüppchen" Olimpia beziehungsweise Clara sind vollständig zur Projektionsfläche seiner Ängste geworden. Das heißt, dass Nathanael, der in seiner Ich-Bezogenheit über

Claras Unverständnis enttäuscht war und in Olimpia, der wortlosen Geliebten, narzisstisch nur sich selbst geliebt hat, seinen **Tötungsversuch** zunächst zwar noch gegen die vermeintliche Holzpuppe Clara-Olimpia richtet, aber eigentlich damit schon **sich selbst meint**. Als der Angriff auf Clara misslingt, da sie gerettet werden kann, verstärkt sich Nathanaels Raserei. Und als er dann Coppelius in der am Fuß des Turms wartenden Menschenmenge entdeckt, löst dieser Anblick Nathanaels Sprung in den Tod aus. In dem Schrei „Ha! Sköne Oke – Sköne Oke" (S. 42) verdichtet sich noch einmal sein ganzes Entsetzen und die Klage über die ‚fremde Macht', die damit endgültig über ihn gesiegt hat.

Nathanael als Opfer

E. T. A. Hoffmann klärt den Leser auch am Ende der Erzählung nicht darüber auf, wer Coppelius denn nun tatsächlich ist, welche Absichten er genau verfolgt und inwiefern sie mit Nathanael in Zusammenhang stehen. Der Effekt dieser Erzählstrategie ist, dass sich die Verunsicherung, die Nathanael angesichts der Begegnungen mit Coppelius und Coppola ergreift, auf den Leser überträgt. Wie Nathanael kann auch er nicht mit Sicherheit sagen, ob Coppelius lediglich ein Dämon für Nathanael – nämlich: die Projektionsfläche seiner Ängste – oder tatsächlich ein Dämon ist. Zwar spricht viel für die erste Erklärung (nicht zuletzt die intuitive Abneigung des erwachsenen Menschen, an die wirkliche Existenz von Dämonen zu glauben), dass die Erzählung vom Trauma eines Jungen handelt, für das er ebenso wenig verantwortlich ist wie es ihm gelingt, es zu überwinden, zu verarbeiten. Deshalb reift er nicht zu einer ‚intakten', in sich selbst ruhenden Person. Die Erzählung lässt sich aber auf diese Deutung nicht festlegen.

Beiden Lesarten des Textes ist jedoch gemeinsam, dass Nathanaels in der Rolle des Opfers erscheint, das mit Einflüssen in Berührung kommt, die es nicht vollständig kontrollieren kann.

- Das kindliche Trauma, die Angst vor dem Sandmann und dem drohenden Augenverlust hängt mit den Experimenten von Coppelius und Nathanaels Vater zusammen.
- Der grausige Tod des Vaters, den Nathanael (wenn auch nicht unmittelbar) miterlebt, ist von Coppelius mitverschuldet.
- Durch die Begegnungen mit Coppola und den Kauf des Perspektivs gerät Nathanael neuerlich unter den Einfluss seines Dämons.
- Auch Spalanzani ist mitverantwortlich für Nathanaels seelische Zerrüttung, indem er dazu beiträgt, dass Nathanael sich in Olimpia verliebt.
- Das Perspektiv wird am Ende zum Auslöser des letzten, tödlich endenden Wahnsinnsanfalls, da Nathanael Clara durch das Fernrohr als Holzpuppe wahrnimmt. Auch hier scheint Coppelius, der am Ende verschwindet, beteiligt zu sein.

Der Anteil an eigener Verantwortung für sein Schicksal, der Nathanael in der Erzählung zugesprochen wird, ist eher gering. Er wird allerdings als ein Mensch geschildert, der von vornherein anfällig ist gegenüber den Einflüssen, denen er schließlich erliegt. Das deutet sich in der Ironie an, mit der der Erzähler Nathanaels Dichtungen und seine Haltung insbesondere Olimpia gegenüber kommentiert, und ebenso in der Argumentation und dem Verhalten Claras Nathanael gegenüber.

Dass Hoffmann die Ursachen des von ihm beschriebenen Wahnsinns in die frühe Kindheit verlagert und damit als Folge einer damaligen Erfahrung beschreibt, ist für das heutige **Verständnis psychischer Erkrankungen** nicht neu. Zu Hoffmanns Zeit aber war die Erkenntnis derartiger Zusammenhänge nicht im allgemeinen Bewusstsein, sondern gerade erst im Entstehen begriffen (siehe *Interpretationshilfe* S. 71). Auch darin liegt das Besondere der Erzählung und ihre unveränderte Aktualität begründet.

Entwicklungsprozess Nathanaels

„scheinbare Realität"	**Wahrnehmung und Verhalten Nathanaels**
innere Unruhe des Vaters; Märchen vom Sandmann	Glaube an den Sandmann, Angst vor dem Augenraub
Coppelius beim Vater; deren geheime Experimente	in Nathanaels Wahrnehmung sind Coppelius und der Sandmann identisch; drohender Augenverlust; todesähnliche Erfahrung, Trauma
Tod des Vaters bei einem Experiment	Coppelius als Verursacher; neue Bedrohung für Nathanael
Coppola erscheint als „Wetterglashändler"	Nathanael identifiziert Coppola mit Coppelius; neuerliche Bedrohung; Angst, aber auch Rachegefühle
Begegnung mit Clara; Nathanael schreibt das Gedicht über seine Befürchtungen	Nathanael erschrickt über sich selbst; da er sich unverstanden fühlt, bezeichnet er Clara als Automat
Olimpia tritt in Erscheinung	Nathanael hat zunächst noch kein Interesse an ihr
zweites Auftreten Coppolas; Nathanael kauft ihm das Perspektiv ab	Nathanael betrachtet Olimpia durch das Perspektiv; jetzt wirkt sie lebendig und er verliebt sich; er „erblindet" zunehmend
Zerstörung Olimpias durch ihre Konstrukteure	Nathanael erkennt entsetzt die Täuschung; er erlebt eine äußerste Bedrohung durch die zerstörten Augen; Ausbruch des Wahnsinns
nach Nathanaels scheinbarer Gesundung: erneuter Blick durch das Perspektiv auf Clara; Coppelius taucht auf	Nathanael sieht in Clara ein „Holzpüppchen", ein lebloses Wesen; erneuter Ausbruch des Wahnsinns; Tod

Clara

Hoffmann lässt Clara mit einem Überraschungseffekt in die Erzählung eintreten: Der Leser erfährt von ihr, dass Nathanael den vorangegangen Brief zwar an Lothar geschrieben, aber an Clara abgeschickt hat. Dieses Versehen, hinter dem vielleicht ein unbewusstes Mitteilungsbedürfnis steht, bewirkt, dass Clara sich nun doch als eigentlichen Adressaten empfindet. Nathanaels Schilderungen haben sie sehr beunruhigt. Sie hat sich über den Zustand ihres Verlobten ausgiebig Gedanken gemacht und **bemüht sich** nun, **in ihrem Brief einfühlsam auf Nathanaels Ängste einzugehen**. Aber ihr Versuch, ihn zu beschwichtigen, indem sie die Ereignisse bagatellisiert, geht an den Empfindungen und Gedanken Nathanaels (wie sich später herausstellt) vorbei und sorgt dadurch für eine erste Missstimmung zwischen den beiden.

Clara zeigt sich in ihrem Brief als junge Frau, die ihren Verlobten aufrichtig liebt, um ihn fürchtet, und all ihre Argumentationsfähigkeit aufwendet, um ihn von seinen Sorgen abzubringen. Sie erzählt ihm, wie sehr sein Brief sie erschüttert hat: „Ich konnte kaum atmen, es flimmerte mir vor den Augen" (S. 13). Auch gibt sie zu, dass die Gestalt Coppolas sie sogar bis in ihren „sonst so ruhigen Schlaf" (S. 13) hat verfolgen können. Aber gleich darauf distanziert sie sich wieder von ihrer eigenen Unruhe: Sie sei „ganz heitern unbefangenen Sinnes" (S. 13). Dies muss auf Nathanael, der in seinen Ängsten ernst genommen werden möchte, wie eine Provokation wirken. Clara behandelt ihn ein wenig wie ein Kind, das man beschwichtigen muss und dem man die Vorstellung von bösen Geistern ausreden will. Immerhin ist sie sich dessen aber bewusst und versucht, seinen Vorwürfen zuvorzukommen: „du wirst sagen: in dies kalte Gemüt dringt kein Strahl des Geheimnisvollen, das den Menschen oft mit unsichtbaren Armen umfasst" (S. 14). Sie bezeichnet sich selbst unterwürfig als „einfältig Mädchen", das sich „so ungeschickt anstelle“ (S. 14), breitet dann aber gar nicht einfältig, sondern klug und ausführlich ihre Ansichten zum Thema **Willensautonomie** aus. Diese Ausführungen sind das Ergebnis eines Gespräches zwischen ihr und ihrem Bruder Lothar, das ihr „ordentlich tiefsinnig vorkommt“ (S. 15), auch wenn sie zugibt: „Lothars letzte Worte verstehe ich nicht ganz, ich ahne nur, was er meint, und doch ist es mir, als sei alles sehr wahr.“ (S. 15) Am Ende ihres Briefes versucht sie zwar sehr liebevoll, aber auch ein wenig ungeschickt, Nathanael die Sorgen zu vertreiben, indem sie ankündigt, als sein „Schutzgeist“ den Dämon Coppola „mit lautem Lachen“ (S. 15) zu bannen.

Clara befreit Nathanael von seinen düsteren Träumen. E. T. A. Hoffmanns Erzählung „Der Sandmann“ im Theater Bamberg (Spielzeit 2003 / 2004). Olivia Sue Dornemann als Clara und Andreas Ulrich als Nathanael. Foto: Ingrid Rose

Claras Denken und Handeln stellt in der Erzählung ein **rationales, aufgeklärtes Prinzip** dar, das dem sehr emotionalen Wesen des künstlerisch orientierten Nathanaels entgegengesetzt ist. Darauf deutet auch der sprechende Namen hin, den Hoffmann für Nathanaels Verlobte gewählt hat: Clara leitet sich vom lateinischen *clarus* ab, das *hell, glänzend, klar, berühmt* bedeutet.

Für Clara scheinen die Ereignisse, von denen Nathanael berichtet, aufklärbar zu sein, und deshalb nicht unheimlich, nicht wirklich bedrohlich. So versucht sie ihren Verlobten auch in Bezug auf den Tod seines Vaters davon zu überzeugen, dass es sich um einen normalen Unfall gehandelt habe, um den grauenvollen Eindruck des Ereignisses abzuschwächen. Ebenso sieht sie Nathanaels Leben nicht von einem Unheil bedroht, nicht von einer dämonischen Macht überschattet. Sie glaubt an die Willensautonomie des Menschen, der sich gegen das Eindringen finsterer Gedanken in seine Psyche zur Wehr setzen kann (vgl. *Interpretationshilfe* S. 96). Diese geistige Haltung spiegelt sich auch in ihren Gesprächen mit Nathanael während seines Besuchs im Elternhaus. Als Nathanael ihr von seinen Ängsten erzählen will und sein Gefühl, einem drohenden Unheil hilflos ausgeliefert zu sein, in seinem Gedicht beschreibt, ist Clara darüber entsetzt, wie sehr er sich in seine Ideen verrennt, und reagiert verständnislos.

In Claras Brief an ihren Verlobten deutet sich bereits an, dass auch sie in der Erzählung leicht **ironisch gebrochen** dargestellt wird. Diese Ironie schimmert dann auch in der **Beschreibung ihres äußeren Erscheinungsbildes** zu Beginn des Hauptteils durch. Der Erzähler schildert hier nicht seine eigene Wahrnehmung, sondern, mit einer leichten Distanzierung im Tonfall, die Ansichten derer, „die sich von Amts wegen auf Schönheit verstehen“ (S. 20), also der Architekten, Maler und Dichter. In deren Augen ist sie zwar nicht schön, aber gut gewachsen. Ihre wundervollen Haare, vor allem aber ihre eindrucksvollen Augen, die manche an einen „See von Ruisdael“ (S. 20) – eines niederländischen Malers des 17. Jahrhunderts, der von den Künstlern der Romantik sehr geschätzt wurde – erinnern, werden von diesen Fachleuten in geradezu überschwänglicher Art gepriesen: „Können wir denn das Mädchen anschauen, ohne dass uns aus ihrem Blick wunderbare himmlische Gesänge und Klänge entgegenstrahlen, die in unser Innerstes dringen, dass das alles wach und rege wird?“ (S. 20) Der Erzähler fügt eher sachlich hinzu: „Clara hatte die lebenskräftige Fantasie des heitern unbefangenen, kindischen Kindes, ein tiefes weiblich zartes Gemüt, einen gar hellen scharf sichtenden Verstand.“ (S. 20) Er beschreibt dann, durchaus voller Sympathie, ihr eher nüchternes, den alltäglichen Dingen zugewandtes, nicht sehr gesprächiges Wesen. Diese Einschätzung deckt sich offenbar mit dem Bild, das Nathanael von seiner Verlobten hat, der er ein „ruhiges, weiblich besonnenes Gemüt“ zuschreibt, wie in Claras Brief zu erfahren ist (S. 12). Entsprechend lässt sie sich nicht so schnell erschüttern. Vielmehr stellt sie eine geradezu provozierende Gelassenheit zur Schau, wenn sie etwa gegenüber dem von Ängsten geplagten Nathanael mit feinem Humor – und leicht zurechtweisend – bemerkt: „Aber lieber Nathanael, wenn ich *dich* nun das böse Prinzip schelten wolle, das feindlich auf meinen Kaffee wirkt?“ (S. 22) Das ist zweifellos witzig gesagt, ebenso zweifellos aber geeignet, Nathanael vor den Kopf zu stoßen.

In dieser Bemerkung verrät sich Claras **Abneigung gegen alle Verstiegenheiten**. Durch ihr Bedürfnis, diejenigen, die sich solche Verstiegenheiten erlauben, auf den Boden der Tatsachen zurückzuholen, zieht sie den Unwillen derer auf sich, die sich nicht ernüchtern lassen wollen. So erklärt es sich, dass sie nicht nur von Nathanael, sondern auch von manchen anderen Menschen als „kalt, gefühllos, prosaisch gescholten“ (S. 21) wird. Diese Kritik ist sicher ungerecht, trifft aber – wie es meist bei Kritik der Fall ist – doch auch einen wahren Kern. Denn tatsächlich zeichnet Hoffmann in der Figur Claras einen bestimmten, **vorwiegend praktisch denkenden Frauentypus**, dem innere Konflikte und die intensive Auseinandersetzung mit geistigen Dingen eher fremd sind, weil er dafür nicht über genügend Vorstellungskraft und Fantasie verfügt. „Nichts war für Clara tötender, als das Langweilige“ (S. 22 f.), schildert der

Erzähler ihre Reaktion auf Nathanaels Gedicht und dessen „dunkle, düstere, langweilige Mystik“ (S. 23). Aber auch wenn der Erzähler Clara in ihrer Einschätzung der Dichtungen Nathanaels, die unter dem Eindruck seiner wiedererwachten Kindheitsängste entstehen, völlig recht gibt, bleibt ihr Unwille und Unvermögen, sich auf die Gedankenwelt ihres seelisch gefährdeten Verlobten einzulassen, doch als persönliche Unzulänglichkeit, die sich letztlich verhängnisvoll auswirkt, bestehen. Indem sie sich den Zwiespältigkeiten und dunklen Seiten des Lebens gegenüber verschließt, **fehlt ihr** auch **die Tiefe einer anderen Lebenserfahrung**. Dass dieses Unverständnis, auch wenn es mit dem besten Willen verbunden ist, Nathanael von seinen Selbstquälereien abzubringen, für den in schwere seelische Konflikte Verwickelten auch etwas Erbarmungsloses haben kann, kommt in Nathanaels Gedicht eindrucksvoll zum Ausdruck: „Nathanael blickt in Claras Augen; aber es ist der Tod, der mit Claras Augen ihn freundlich anschaut.“ (S. 23 f.)

Nathanael schreckt vor **der mangelnden Anteilnahme und Einfühlungsgabe** Claras ebenso zurück wie ihn ihre intelligente Analyse seiner seelischen Verfassung kränkt. Beides erscheint ihm herzlos. So ist es zu verstehen, wenn er sie als „lebloses, verdammtes Automat“ beschimpft (S. 25) und sie für ihn kurz vor seinem Selbstmord zum leblosen „Holzpüppchen“ wird (S. 41). Dass sich Nathanael in der Zwischenzeit in den wirklichen Automaten Olimpia verliebt, bringt nur – auf fast tragische Weise – seine Fixierung auf Clara zum Ausdruck. Er sucht eine zweite Clara, nur ohne deren Widerwillen gegenüber seinen dichterischen Fantasien und ohne deren „gar hellen scharf sichtenden Verstand“ (S. 20). Olimpias Leblosigkeit vermittelt ihm den Eindruck, dem gleichen Frauentypus zu begegnen, und ihre geistige Leere weckt in ihm die Hoffnung, sie sei ein ‚unbeschriebenes Blatt‘, das sich seinen dichterischen Neigungen als willige Zuhörerin unterwirft.

Der Erzähler deutet an, dass Clara den Tod Nathanaels wohl nach einiger Zeit verwunden hat. Ihr wäre damit gelungen, was sie Nathanael geraten hat: sich nicht durch ein erschütterndes Erlebnis aus der eigenen Lebensbahn werfen zu lassen.

Nach mehreren Jahren will man in einer entfernten Gegend Clara gesehen haben, wie sie mit einem freundlichen Mann, Hand in Hand vor der Türe eines schönen Landhauses saß und vor ihr zwei muntre Knaben spielten. Es wäre daraus zu schließen, dass Clara das ruhige häusliche Glück noch fand, was ihrem heitern lebenslustigen Sinn zusagte und das ihr der im Innern zerrissene Nathanael niemals hätte gewähren können. (S. 42)

Das Bild dieser Idylle am Ende der Erzählung steht in extremem Kontrast zu der unmittelbar vorhergegangenen Schilderung vom Tod Nathanaels, der „mit zerschmettertem Kopf auf dem Steinpflaster lag" (S. 42). Auch dadurch verschärft sich noch der Gegensatz zwischen Nathanaels tief erlebtem Unglück und Claras scheinbarer Harmlosigkeit. Aber auch hier wählt Hoffmann bewusst vage Formulierungen („will man [...] gesehen haben, [...] wäre daraus zu schließen"), die in der Schwebe lassen, ob Claras Erschütterung durch die Ereignisse möglicherweise nicht doch tiefer gegangen ist.

Coppelius und Coppola

In beiden Namen klingt der italienische Wortstamm *copp-* an, der als *coppa* der Ausdruck für *Becher, Schale* ist und als *coppo* die poetische Bezeichnung für *Augenhöhle* darstellt. Damit wird durch diesen Namen ein **Zusammenhang mit dem Leitmotiv der Augen** hergestellt.

Coppelius ist der alte Advokat, der gelegentlich in Nathanaels Elternhaus zu Mittag isst und auf die Kinder einen abschreckenden Eindruck macht. Außerdem betätigt er sich als Alchimist, der versucht, einen künstlichen Menschen zu schaffen. Gleich zu Beginn, im ersten Brief, wird bekannt, dass er eine Doppelexistenz führt. Dieser Umstand macht später für Nathanael den Verdacht, dass er zusätzlich auch in der Gestalt Coppolas in sein Leben getreten ist, so nahe liegend.

Jedenfalls ist von Anfang an spürbar, dass für Nathanael eine große Bedrohung von Coppelius ausgeht. Nathanael beschreibt Coppelius in seinem Brief an Lothar so präzise, dass der Leser sogleich merkt, wie eindringlich ihm nach Jahren noch dessen Bild vor Augen steht: die hässliche Gestalt mit „unförmlich dicke[m] Kopf" (S. 7), „seine großen knotigten, haarigten Fäuste" (S. 8), der schiefe Mund, die zu kleine Perücke und absonderlich wirkende Kleidung. Auffallend sind vor allem seine Augen, „ein paar grünliche Katzenaugen", die „stechend hervorfunkeln" (S. 7). Keine andere Gestalt in der Erzählung wird in ihrem **Aussehen** so ausführlich geschildert. Dabei kommen immer wieder Beschreibungen vor, die an das Bild erinnern, dass sich die Menschen vom **Teufel** machen: Er „schwang die glutrote Zange" und „meckerte [...] zähnefletschend". Von Nathanaels Vater wird er als „Meister" angeredet (S. 9). Nathanael schildert, dass das Gesicht des Vaters während der chemischen Experimente mit Coppelius „zum hässlichen widerwärtigen Teufelsbilde" verzogen scheint, und fügt sogleich hinzu: „Er sah dem Coppelius ähnlich." (S. 9) Bemerkenswerterweise wird auch Coppola – von Spalanzani – als „Satan" beschimpft (S. 37). Die alchimistischen Experimente, die Coppelius zusammen mit Nathanaels Vater betreibt, sind ebenfalls so etwas wie ein „Teufelswerk", bei dem der Vater sein Leben lassen muss. Hier wird der Eindruck vermittelt, als komme der Vater Nathanaels um, weil er seine Seele dem Teufel verschrieben hat.

Ein besonderes Merkmal des Teufels ist auch, dass er die Gestalt wechseln kann und ganz unerwartet auftaucht und wieder verschwindet. Auch in dieser Hinsicht lässt sich eine Parallele ziehen: Am Ende der Erzählung wird bewusst offen gelassen, wie Claras Wahrnehmung des „sonderbaren kleinen grauen Busch[es]“ zu deuten ist, der, wie sie sagt, „auf uns los zu schreiten scheint“ (S. 41). Hat sich Coppelius in dieser Situation in einen Busch verwandelt, um sich Nathanael zu nähern und auf geheimnisvolle Weise dafür zu sorgen, dass dieser das Perspektiv in seiner Tasche findet? Der Erzähler bestätigt eine solche fantastische Deutung (natürlich) nicht, bietet aber auch keine einleuchtendere Erklärung.

Der bedeutsamere Gestaltwechsel aber besteht in der möglichen Identität von **Coppelius und Coppola**. Nach seiner ersten Begegnung mit Coppola ist Nathanael sich ziemlich sicher, dass Coppelius und Coppola die gleiche Person sind, auch wenn dieser sich als „piemontesische[r] Mechanicus“ (S. 12) ausgibt: „Coppelius’ Figur und Gesichtszüge sind zu tief in mein Innerstes eingeprägt, als dass hier ein Irrtum möglich sein sollte“ (S. 12). In seinem zweiten Brief an Lothar dagegen betont er, nun wieder verunsichert, dass Coppola wirklich Piemonteser, Coppelius dagegen Deutscher ist und dass darum beide nicht die gleiche Person sein können. Er fügt aber zweifelnd hinzu: „Ganz beruhigt bin ich nicht.“ (S. 16)

Eckhart Neuberg als Wetterglashändler Coppola in Rainer Lewandowskis Inszenierung von E. T. A. Hoffmanns Erzählung „Der Sandmann“ am E. T. A. Hoffmann-Theater Bamberg (Spielzeit 2003/2004). Eckhart Neuberg spielte im Bamberger „Sandmann“ nicht nur den Coppola, sondern auch den Advokaten Coppelius.

Bei Nathanaels zweiter Begegnung mit dem Wetterglashändler werden wieder mehrere Ähnlichkeiten mit Coppelius deutlich: der Mund, die Augen, die „stechend hervorfunkelten" (S. 27), die heisere Stimme; und in der Szene, in der sich Spalanzani und Coppola um Olimpia streiten, nennt auch der Erzähler, wie zur Bestätigung dieser Identität – oder: als könne auch er nicht mehr zwischen den beiden Figuren trennen –, den Widersacher des Professors einmal „Coppelius" und dann wieder „Coppola" (S. 37): Der Erzähler schildert, wie Nathanael sich langsam der Situation nähert und den Streit zunächst nur hören, aber nicht sehen kann. Nathanael vernimmt Stimmen, darunter die „grässliche[]" des Coppelius; die Gestalt aber, die er dann sieht, ist Coppola, der wiederum kurz darauf von Spalanzani mit „Coppelius" (S. 37) angeredet wird.

Wenn man diese beiden Stellen weder als Bestätigung der Identität der beiden Figuren durch den Erzähler noch als Fehlleistungen des Autors auffassen möchte, dann bleibt die plausible Möglichkeit, anzunehmen, dass beide Situationen **aus der Figurenperspektive Nathanaels** geschildert sind. Im ersten Fall liegt diese Deutung sehr nahe: Nathanael hört den lauten Streit, die Erregung der Streitenden überträgt sich auf ihn, durch die Erwähnung der Augen wird in ihm die Erinnerung an die traumatische Kindheitsszene wieder wach (vgl. S. 9) und so meint er, die Stimme von Coppelius zu vernehmen. Schon bevor Nathanael den Schauplatz des Streites betritt, fühlt er „namenlose[] Angst" (S. 37). Er ist beinahe besinnungslos vor Erregung. Dass er in diesem Zustand glaubt, Coppelius befinde sich bei Spalanzani, ist leicht nachzuvollziehen.

Die zweite Situation ist nicht so leicht aufzulösen. Aber auch hier könnte es sein, dass die Erzählung nicht so sehr wiedergibt, was Spalanzani tatsächlich sagt, sondern was Nathanael zu hören glaubt. Dessen Erregung ist ja nicht geringer geworden. Vielmehr ist er nahe dran, völlig die Kontrolle zu verlieren, was dann auch Augenblicke später tatsächlich passiert.

Eine solche Lesart der Stelle könnte als beispielhaft für das durchgängige Bemühen des Erzählers verstanden werden, den Leser immer wieder in die Figurenperspektive Nathanaels hineinzuziehen, um ihn auf diese Weise dessen Verstörung, dessen existenzielle Verunsicherung mitempfinden zu lassen. Zu dieser Absicht passt, dass sich der Leser aufgrund von Hoffmanns Erzählweise nie ganz sicher sein kann, ob Nathanael, statt nur von seinen Ängsten, nicht wirklich von Dämonen bedrängt wird.

Diese Ungewissheit wird noch durch weitere Übereinstimmungen zwischen den Figuren Coppelius und Coppola geschürt. So fällt an beiden Figuren ihr **diabolisches Lachen** auf. Bei Coppelius verzieht sich das „schiefe Maul [...] oft zum hämischen Lachen“ (S. 7). Als Nathanael im Zimmer des Vaters angstvoll aus seinem Versteck stürzt, lacht Coppelius „gellend auf“ (S. 9). Coppolas Lachen wird als heiser, hässlich und hämisch beschrieben und offenbart dessen Spott, seine Schadenfreude, aber auch seine ganze Verachtung und seinen Triumph darüber, dass es ihm gelungen ist, Nathanael das Perspektiv zu verkaufen (vgl. S. 29). Nachdem er Spalanzani „mit Riesenkraft“ niedergeschlagen hat, rennt Coppola „mit fürchterlich gellendem Gelächter rasch fort“ (S. 37). Und am Ende der Erzählung äußert Coppelius lachend die wahrhaft diabolische Meinung: „Ha ha – wartet nur, der kommt schon herunter von selbst“ (S. 42). Dass dieses teuflische Lachen fast immer in Situationen zu hören ist, in denen Nathanael sich bedroht und geängstigt fühlt, verleitet dazu, auch hier die Figurenperspektive für den Eindruck verantwortlich zu machen, dass beide Figuren auf die gleiche Weise lachen. Immerhin aber lässt sich diese Überlegung nicht auf die zuletzt angeführte Stelle beziehen, die deutlich aus der Wahrnehmung derer geschildert ist, die unten um den Turm herumstehen.

Wenn auch die Frage, ob Coppelius und Coppola die gleiche Person sind, nicht aufzuklären ist, so lässt sich immerhin ihre Funktion in der Erzählung eindeutig bestimmen: **Beide verkörpern das Moment des Unheimlichen, der Bedrohung**. Mit ihrer Anwesenheit sind alle Ereignisse verknüpft, die für Nathanael eine schlimme Bedeutung haben. Und doch ist am Ende der Erzählung nicht klar, ob Coppelius und Coppola wirklich Nathanaels Leben zerstören wollen und deshalb für dessen Unglück verantwortlich sind oder ob sie nicht vielmehr zwar kauzige, aber letztlich doch harmlose Gestalten sind. Der Erzähler verunsichert den Leser in Bezug auf diesen Zusammenhang immer wieder gezielt. Dieser muss sich am Ende eingestehen, dass er auch nicht völlig in der Lage ist, den Fall des wahnsinnig gewordenen Nathanael, der sich schließlich umgebracht hat, zu durchschauen.

Spalanzani

E. T. A. Hoffmann spielt mit dem Namen „Spalanzani“ vermutlich auf einen Italiener namens Lazzaro Spallanzani an. Dieser lebte als Forscher im 18. Jahrhundert und beschäftigte sich mit dem Thema „Urzeugung“, indem er bei Fröschen und Hunden Experimente mit künstlicher Befruchtung durchführte.

Ebenso wie Coppelius ist **auch** Spalanzani **eine zwielichtige Gestalt**. Zunächst wird er eher beiläufig in die Handlung eingeführt. „Ich höre bei dem erst neuerdings angekommenen Professor der Physik, der, wie jener berühmte Naturforscher, Spalanzani heißt und italienischer Abkunft ist, Collegia.“ (S. 16) Das berichtet Nathanael Lothar und fügt hinzu, dass Spalanzani „seit vielen Jahren“ schon Kontakt zu Coppola habe, was ihn für den Leser bereits ein wenig verdächtig macht. Nathanael hegt zwar Spalanzani gegenüber zunächst keine konkreten Befürchtungen, beschreibt ihn aber immerhin ahnungsvoll als „wunderliche[n] Kauz […] mit […] kleinen stechenden Augen“ (S. 16).

Der Vergleich mit Daniel Chodowieckis Zeichnung von Cagliostro – einem Ende des 18. Jahrhunderts europaweit berühmten Hochstapler und wissenschaftlichen Scharlatan – lässt auch einen gewissen grotesk-komischen Eindruck durchschimmern (vgl. S. 17), aber letztlich überwiegt doch das Unheimliche: „seine [Spalanzanis] Schritte klangen hohl wider und seine Figur, von flackernden Schlagschatten umspielt, hatte ein grauliches gespenstisches Ansehen“ (S. 33).

Alessandro Graf Cagliostro (1743–1795), Kupferstich aus dem Jahre 1784 von Daniel Chodowiecki (1726–1801)

Dennoch wirkt Spalanzani weniger bedrohlich als sein Verbündeter Coppola. Er scheint vielmehr schwächer und verletzlicher zu sein. In der Auseinandersetzung zwischen den beiden, bei der es um den Besitz der Puppe geht, ist er derjenige, der verletzt wird, der sich also offenbar weniger zur Wehr setzen kann, auch weil er körperlich unterlegen ist. Der Ich-Erzähler weist später, wie zur Beruhigung des Lesers, darauf hin, „dass er von seinen Wunden völlig geheilt wurde“ (S. 38).

Spalanzani gilt offiziell als der Vater Olimpias. Die Tatsache, dass er eine Tochter hat, „die er sonderbarer und schlechter Weise einsperrt“ (S. 17), wirkt allerdings nicht vertrauenerweckend. Der Leser ahnt schnell, dass hier eine Verbindung zu Coppola bestehen könnte. Aber erst in der Streit-Szene zwischen den beiden erfährt man, dass Spalanzani in zwanzigjähriger Arbeit

Olimpias „Räderwerk“ (S. 37) entwickelt hat, während Coppola zu der Puppe dann die Augen beigetragen hat. Damit entsteht eine Art Gefälle zwischen den beiden, bei dem Spalanzani der Unterlegene zu sein scheint. Er ist der **Mechaniker**, der sein Handwerk zwar versteht, dem es aber nicht gelungen ist, die Augen als wesentlichsten Bestandteil herzustellen. Denn erst durch ihre Augen wird Olimpia für Nathanael lebendig, während er in dem Moment, in dem sie diese verliert, ihre Künstlichkeit erkennt.

Ambivalenz der übrigen Personen

Clara	
• empfindsam, liebt Nathanael, versucht ihn zu verstehen und zu beruhigen; möchte die Ereignisse gerne erklären	• „kalt, gefühllos, prosaisch“, zu wenig Fantasie und Einfühlungsvermögen; keine Vorstellung vom Ausmaß von Nathanaels Beunruhigung; denkt zu rational; eher praktisch als poetisch veranlagt
Coppelius	
• ist Advokat, deutscher Nationalität; scheint eine normale bürgerliche Existenz zu führen	• Alchimist, Kinderschreck, bedrohlich, zerstörerisch, teuflisch, verkörpert Tod und Entsetzen; taucht unvermittelt auf; kann sich möglicherweise verwandeln
Coppola	
• Wetterglashändler, Piemonteser	• Betrüger, verkauft Nathanael das Perspektiv, bringt ihn dadurch in seine „Macht“; verschafft Olimpia die Augen
Spalanzani	
• Professor der Physik, italienischer Herkunft; „Vater“ Olimpias; wirkt nicht ganz so dämonisch wie Coppelius/Coppola	• ist aber auch unheimlich und bedrohlich; gilt als Betrüger; Konstrukteur von Olimpias Räderwerk

Spalanzani ist in den Augen der Gesellschaft ebenso wie Coppola ein **Betrüger**. Das Verwerfliche ihres Handelns ist dabei aber nicht in erster Linie die Tatsache, dass sie überhaupt einen künstlichen Menschen konstruieren, denn solche Versuche wurden zu jener Zeit vielfach unternommen (vgl. *Interpretationshilfe* S. 56). Der Betrug besteht darin, dass sie den Automaten Olimpia als echten Menschen ausgeben, insbesondere Nathanael gegenüber, der in seiner verblendeten Liebe zu ihr von Spalanzani noch unterstützt und ermuntert wird; denn die intensiven Gefühle des jungen Mannes stellen anscheinend den besten Beweis für die überzeugende, lebendige Wirkung des Automaten dar und scheinen damit den Erfolg dieser Konstruktion zu bestätigen. Nathanael wird also auch von Spalanzani in dieser Hinsicht für seine Zwecke ‚benutzt'.

3 Leitmotive der Erzählung

In der Erzählung gibt es zwei **Leitmotive:** das Motiv **der Augen** und das **des Automaten**, des künstlichen, mechanischen Menschen. Ähnlich wie in der Malerei sind diese Motive einerseits Gegenstand der Erzählung und weisen dabei andererseits doch über sich selbst hinaus und auf einen größeren Zusammenhang hin. Beide genannten Motive treten in einer Vielzahl von Einzelmotiven auf und sind zudem eng miteinander verknüpft.

Die Augen

Alle bedeutsamen Ereignisse in der Erzählung stehen in Zusammenhang mit Augen:

- Die kindlichen Ängste Nathanaels gehen aus vom Märchen vom Sandmann, der angeblich die Augen raubt (S. 5).

- Bei der Begegnung mit Coppelius im Zimmer des Vaters hat Nathanael entsprechend große Furcht, dass ihm die Augen herausgerissen werden (S. 9).
- In dem von Nathanael verfassten Gedicht sind es Claras Augen, die Coppelius auf Nathanael wirft, wodurch er ihn in den Wahnsinn treibt (S. 23).
- Im selben Gedicht erblickt Nathanael in Claras Augen den Tod (S. 23 f.).
- Coppola bietet Nathanael zunächst Brillen als „sköne Oke" (schöne Augen) an und dann Perspektive, das heißt Ferngläser. Er handelt gleichsam mit Ersatzaugen, mit Augenprothesen (S. 27–29).
- Olimpia wird erst in dem Moment für Nathanael wirklich attraktiv, als er durch das Perspektiv in ihren Augen Lebendigkeit wahrnimmt (S. 28 f. und 31).
- Nathanael ist ‚blind' gegenüber Olimpias mechanischem Verhalten (S. 32 f.).
- Nathanael wird vom Wahnsinn erfasst, als er Olimpia sieht, nachdem ihr die Augen herausgerissen worden sind; er erkennt nun, dass sie eine leblose Puppe ist und Spalanzani wirft mit den Puppenaugen nach ihm (S. 37 f.).
- Am Ende der Erzählung ist es wiederum der Blick durch das Perspektiv, der Nathanael in Claras Augen den Tod und in ihr selbst ein „Holzpüppchen" sehen lässt (S. 41).

Mit der deutlichen Hervorhebung dieses Motivs werden zunächst zwei Aspekte deutlich. Menschliche Augen haben für E. T. A. Hoffmann zum einen eine besondere **eigene Aussagekraft**. Zum anderen ist mit den Augen das Sehen als eine der **wesentlichsten menschlichen Wahrnehmungsweisen** verbunden, denn Sehen ist häufig gleichbedeutend mit **Verstehen**. Nicht sehen zu können bedeutet dagegen, auch im übertragenen Sinne blind zu sein, also etwas nicht zu begreifen, so wie

Nathanael die Merkmale eines Automaten nicht mehr von dem Wesen eines Menschen unterscheiden kann.

E. T. A. Hoffmann verwendet die Beschreibung der Augen dazu, den **charakterlichen und seelischen Zustand eines Menschen** zu verdeutlichen. Auch in unserem alltäglichen Sprachgebrauch stellen die Augen den „**Spiegel der Seele**" dar. Gleich zu Beginn schwärmt Nathanael von Claras „hellen Augen" (S. 3), die später auch mit „einem See von Ruisdael, in dem sich des wolkenlosen Himmels reines Azur [...] spiegelt" (S. 20) verglichen werden. In solchen Beschreibungen kommt vor allem Claras unbeschwerte Heiterkeit zum Ausdruck. Dagegen scheint der zwielichtige Charakter von Coppelius auf, wenn von ihm gesagt wird, dass aus seinem Gesicht „grünliche Katzenaugen stechend hervorfunkeln" (S. 7).

Im Blick der Menschen zeigen sich deutlich ihre **Emotionen**. Claras Langeweile beim Anhören der Gedichte Nathanaels wird in ihren Augen sichtbar: „in Blick und Rede sprach sie dann ihre nicht zu besiegende geistige Schläfrigkeit aus" (S. 23); und „blutdürstige Kampflust" haben Lothar und Nathanael „im brennenden Auge" (S. 25), als sie im Streit aufeinander losgehen.

Die Augen vermitteln einen direkten und ehrlichen Ausdruck des Menschen, das **wahre Wesen** offenbart sich in ihnen, auch wenn ein Mensch dies gar nicht möchte. Deshalb ist es auch so wichtig, dass ein Automat wie Olimpia möglichst kunstfertig gearbeitete Augen bekommt, wie sie offenbar nur Coppola herstellen kann. Erst so kann sie wirklich überzeugend lebendig wirken.

Das **Perspektiv**, das Nathanael von Coppola erwirbt, kann als eine Art **künstliches Auge** angesehen werden und ist damit Teil des Motivs. Als der Wetterglashändler Coppola seine **Brillen** auf den Tisch legt, werden diese für Nathanael zur furchtbaren **Bedrohung**: „Tausend Augen blickten und zuckten krampfhaft und starrten auf zum Nathanael; [...] wilder und wilder sprangen flammende Blicke durcheinander und schossen ihre blutrote Strahlen in Nathanaels Brust“ (S. 27 f.). Nathanael gerät durch ihre Strahlen wie durch einen Zauber in den Bann Coppolas und in seiner Verwirrung kauft er diesem dann ein Perspektiv ohne weiteren Widerstand ab. Dieses ‚künstliche Auge‘ ersetzt Nathanaels eigentliche Sehfähigkeit und verändert seinen Blick, seine ‚Perspektive‘, derart, dass es scheint, als sei das Perspektiv quasi an die Stelle von Nathanaels Augen getreten.

Nicht sehen zu **können** bedeutet in Hoffmanns Erzählung, die **Fähigkeit zu klarer Wahrnehmung verloren** zu **haben**. Ohne klare Wahrnehmung aber kann es auch kein klares Verstehen, kein klares Denken und Handeln geben. Wer also nicht richtig sieht, der findet sich in der Welt nicht mehr zurecht, so wie Nathanael, der nicht weiß, woran er ist, mit sich selbst, mit Coppelius / Coppola oder Clara. Nathanael bekommt Probleme, sich mit anderen Menschen zu verständigen, seine ‚Blindheit‘ isoliert ihn, macht ihn einsam. Er verlässt seine Verlobte, verliert den Kontakt zu seinem Freund und wendet sich nur noch Olimpia zu, dem ausdrucks- und seelenlosen Automaten. Seine Sinne sind so stark getrübt, dass er diese Beschränkungen nicht einmal mehr als Mangel empfindet. Ein nicht sehender Mensch wird hier also als jemand dargestellt, der in der Folge auch **in allen seinen Fähigkeiten zunehmend eingeschränkt** ist – ihm fehlt das Einfühlungsvermögen, aber auch die Fähigkeit zur kritischen Reflexion der eigenen Tätigkeit und der eigenen Verhaltensweisen.

Die Augen sind also nicht nur ein die Realität aufnehmendes, sondern auch ein **Realität schaffendes Organ**: Erst dadurch, dass Nathanael die Welt mit anderen Augen sieht, kommt es zur Entfremdung zwischen ihm und denen, die ihm zuvor am nächsten gestanden haben. Erst durch den Blick Nathanaels wird Olimpia zum Leben erweckt. Aber in dem Maß, wie sie belebt erscheint, verliert Nathanael seine Lebenskraft, sodass fast der

Eindruck erweckt wird, als werde diese Kraft auf Olimpia übertragen. Wenn man das nicht buchstäblich nimmt, ist das auch der Fall: Je wichtiger Olimpia ihm wird, desto mehr versinkt sein früheres Leben für ihn in der Bedeutungslosigkeit.

Nathanaels gestörte Wahrnehmung bezieht sich aber nicht nur auf Olimpia und später auf Clara, in der er das Holzpüppchen sieht, sondern auch auf sich selbst. Er selbst kann seine eigene Verwirrung, seinen beginnenden Wahnsinn nicht als solche erkennen.

In gewisser Weise hat Nathanael schon in seiner Kindheit, also vor Beginn der eigentlichen Erzählung, einen Teil seiner Seh-Fähigkeit verloren. Das Sandmann-Märchen und die daraus entstandene Angst haben seine Wahrnehmung getrübt, ihm seine Augen ‚geraubt'. Darum kann er auch nicht mehr zwischen Coppelius und dem Sandmann unterscheiden. Nathanaels große Angst während des damaligen Erlebnisses im Arbeitszimmer des Vaters zeigt auch, dass er schon als Kind ahnt, dass zusammen mit seinen Augen nicht nur die bloße Fähigkeit zu sehen, sondern **sein ganzes Leben auf dem Spiel** steht. Als Spalanzani nach der Auseinandersetzung mit Coppola die blutigen Augen Olimpias mit den Worten „die Augen – die Augen dir gestohlen" (S. 38) nach Nathanael wirft, holt diesen das kindliche Trauma der Begegnung mit Coppelius im Zimmer des Vaters ein. Olimpias zerstörte Augen sind in gewisser Weise hier tatsächlich Nathanaels eigene, die er damals zu verlieren fürchtete. Indem sich das Ende von Nathanaels Illusion, es bei Olimpia mit einem lebendigen Menschen zu tun zu haben, mit dem Schock des neu durchlittenen traumatischen Kindheitserlebnisses verbindet, wird die Chance zunichte gemacht, dass Nathanael nun zu einer klaren Erkenntnis seines Irrtums und damit seiner selbst gelangt. Stattdessen bewirkt der Schock eine noch größere Verwirrung und damit einen neuerlichen seelischen Zusammenbruch.

Der Automat

Die Idee, ein menschliches Wesen künstlich, also unabhängig von einer biologischen Zeugung herstellen zu können, taucht in der europäischen Kulturgeschichte schon sehr früh auf. Bereits in der Literatur der Antike findet sich der Gedanke: In seiner Dichtung *Metamorphosen* erzählt der griechische Dichter Ovid, wie der Titan Prometheus Menschen aus Lehm und Wasser formt oder wie König Pygmalion sich in eine weibliche Statue verliebt, die dann von der Göttin Aphrodite zum Leben erweckt wird. In der jüdischen Golem-Sage wird ebenfalls aus einem Erdklumpen oder einem Stück Holz ein stummes, dienendes Wesen geschaffen und durch ein magisches Zeichen belebt. Da es sich aber zu einer Bedrohung für seinen Schöpfer entwickelt, muss es wieder vernichtet werden.

Und es blieb nicht nur bei der Idee des künstlichen Menschen. Im Jahre 1738 gelang es dem französischen Mechaniker Jacques de Vaucanson, einen Flöte spielenden Automaten-Menschen herzustellen, der einem lebendigen Menschen zum Verwechseln ähnlich sah. Auch andere Maschinenmenschen wie beispielsweise die Musikautomaten der Brüder Kaufmann, die Trompete und Klavier spielen konnten, oder Wolfgang Ritter von Kempelens „schachspielender Türke", die in den folgenden Jahren entstanden, übten auf

„Piano Watteau", aus dem Automaten-Katalog der französischen Firma Vichy / Triboulet.

die Menschen der damaligen Zeit begreiflicherweise eine große Faszination aus. Man bewunderte ihre Präzision und die Illusion, die sie erzeugten, und setzte große Erwartungen in die damalige Technik. Die wachsenden technischen Möglichkeiten warfen die Frage auf, ob ein menschliches Wesen nicht tatsächlich mit einer Maschine vergleichbar und dementsprechend auf mechanischem Wege herstellbar sei.

Auch überlegte man, ob die entstandenen Automaten nicht vielleicht sogar über eine Seele verfügten, wenn sie dem Menschen schon so täuschend ähnlich waren. 1748 erschien das Buch *L'Homme machine* des Franzosen J. O. de La Mettrie, der darin die Vision eines Androiden, eines künstlichen Menschen, entwickelte, der über nahezu alle menschlichen Fähigkeiten verfügt. Lienhard Wawrzyn schreibt:

> *Die Automaten-Menschen von Vaucanson, [...] Kempelen und anderen beflügelten im 18. Jahrhundert den Traum eines gradlinigen Fortschritts. Sie schienen es zu ermöglichen, alles Ideale und Schöne, wie das Musizieren oder das Denken, als bloße technische Verfeinerung des Materiellen zu betrachten. Die Menschen des Barock und des Rokoko strengten sich an, die ganze Welt mit den Prinzipien der Mechanik zu erklären, die damals gerade zu einer mathematisch berechenbaren Wissenschaft geworden war. Reizvoll an Androiden [...] war, dass man [...] ihren Mechanismus freilegen konnte. [...] [I]hr Räderwerk war ein Gleichnis für das Lebendige. Es schien möglich, das Totmechanische und das Lebendige einander anzunähern.*[2]

Die Zeit der Aufklärung in der Mitte des 18. Jahrhunderts war voller Euphorie und Optimismus gegenüber den immer größer werdenden technischen Möglichkeiten. Der Mensch schien die Naturgesetze zunehmend zu verstehen und darum auch zu beherrschen und in seinem Sinn entwickeln zu können. Doch gegen Ende des Jahrhunderts änderte sich diese Einschätzung.

Zusammen mit dem häufigeren Entstehen solcher Androiden wurde auch Kritik an deren Herstellung geübt, vor allem von kirchlicher Seite, die darin eine Entmystifizierung des menschlichen Lebens sah. Die **Faszination über die Kunstfertigkeit der Androiden** blieb zwar erhalten, war aber gemischt mit der **Ablehnung der Scheinlebendigkeit** dieser Wesen, die vorgaben, etwas zu sein, was sie nicht waren. So wurde die Unsicherheit über mögliche Folgen der Existenz solcher Kunstwesen wieder zum Thema.
Auch E. T. A. Hoffmann war von der großen Faszination erfasst, die dieses Thema auf die Menschen ausübte. 1801 hatte er erstmals selbst die Vorführung eines Automaten erlebt und 1813 dann die Musikautomaten der Brüder Kaufmann gesehen. Hoffmann verwendet das Motiv des künstlichen Menschen mehrfach in seinen Werken, zunächst in der Erzählung *Die Automate* (1813). Im *Sandmann* verdichtet sich das Unheimliche und Grauenvolle an der Vorstellung, einen künstlichen Menschen nicht mehr als solchen erkennen zu können, zum zentralen Aspekt. Durch dieses Motiv werden die beiden Hauptstränge der Erzählung, die Geschichte von Nathanaels Erkrankung einerseits und das Automaten-Experiment von Spalanzani und Coppola andererseits, miteinander verknüpft.

E. T. A. Hoffmann offenbart **Olimpias wahre Beschaffenheit** erst in dem Moment, in dem sie zerstört wird. Der Leser kann zwar vermuten, was es mit ihr auf sich haben könnte, denn er bekommt im Verlauf der Handlung einige Hinweise auf ihre Künstlichkeit, etwa wenn von ihrem „etwas seltsam eingebogene[n] Rücken“ (S. 30) die Rede ist oder in der Schilderung „der ganz eignen rhythmischen Festigkeit, womit Olimpia tanzte“ (S. 32). Ein genauer Beobachter wie Nathanaels Freund Siegmund kommt der Wahrheit schon sehr nahe: „Ihr Schritt ist sonderbar abgemessen, jede Bewegung scheint durch den Gang eines aufgezogenen Räderwerks bedingt. Ihr Spiel, ihr Singen hat

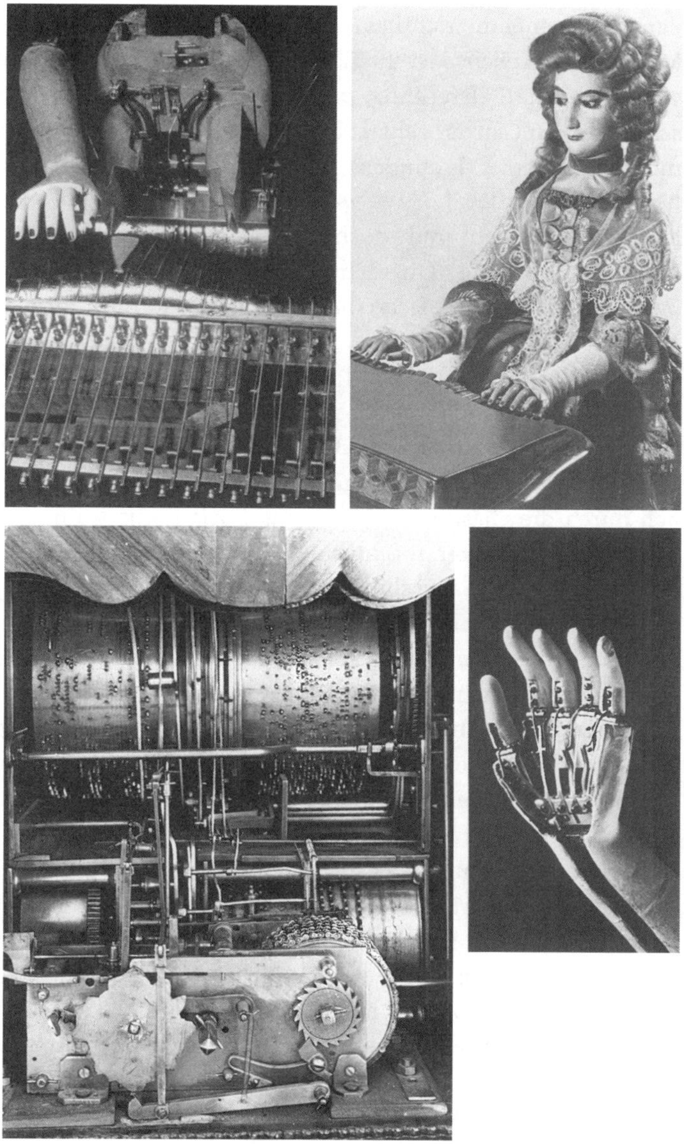

„Die Musikerin", 1774 vollendet von Pierre Jaquet-Droz und seinen Mitarbeitern

den unangenehm richtigen geistlosen Takt der singenden Maschine und ebenso ist ihr Tanz." (S. 34) Doch auch Siegmund wagt nicht die Behauptung, dass Olimpia tatsächlich eine Maschine sei. Im Ganzen geht es dem Leser wohl ähnlich wie Siegmund und dessen Freunden: „Uns ist diese Olimpia ganz unheimlich geworden [...], es war uns als tue sie nur so wie ein lebendiges Wesen und doch habe es mit ihr eine eigene Bewandtnis." (S. 34) Ungeachtet aller Andeutungen: die ganze Wahrheit über Olimpia erfährt auch der Leser erst im selben Moment wie Nathanael.

Auch **Nathanael** hat wohl eine **Ahnung**, dass mit Olimpia etwas nicht stimmen könnte, aber er geht diesem **Befremden** nicht weiter nach. Im dritten Brief erwähnt er Lothar gegenüber eher nebenbei die erste Begegnung mit ihr, bei der er sie lediglich durch die Glastür der Wohnung Spalanzanis wahrgenommen hat. Schon hier macht sie auf ihn einen merkwürdigen Eindruck: Sie ist zwar schön, wirkt aber leblos „und überhaupt hatten ihre Augen etwas Starres, beinahe möcht ich sagen, keine Sehkraft, es war mir so, als schliefe sie mit offnen Augen. Mir wurde ganz unheimlich" (S. 17). Auch später kommen ihm noch **Zweifel an ihrer Lebendigkeit**: „Sowie, als er Olimpias kalte Hand berührte, fühlte er sich von innerem Grausen erfasst, die Legende von der toten Braut ging ihm plötzlich durch den Sinn" (S. 33). Aber da ist er schon zu sehr in ihrem Bann, um dieser inneren Stimme noch zu folgen.

Für Nathanael tritt der Automat, den er in seiner **Verblendung** als solchen nicht mehr erkennt, an die Stelle seiner Verlobten Clara. Olimpia bedeutet für ihn eine wieder möglich gewordene große Liebe und höchstes Glück. Mit ihr kann Nathanael „über seine Werke, über seine Dichtergabe überhaupt recht tief aus seinem Innern" sprechen (S. 36). Nathanael erkennt nicht, welch groteske Situationen sich dabei abspielen: „Er saß neben Olimpia, ihre Hand in der seinigen und sprach hoch ent-

Walzer tanzendes Paar (Couple de valseurs), Théroude, um 1850, 45 Zentimeter hoch. Sammlung Jacqueline und Guido Reuge. Fotos: L. Tuchband

flammt und begeistert von seiner Liebe in Worten, die keiner verstand, weder er, noch Olimpia. Doch diese vielleicht; denn sie sah ihm unverrückt ins Auge und seufzte einmal übers andere: ‚Ach –Ach – Ach!'" (S. 32) E. T. A. Hoffmann verwendet hier das Motiv des Automaten dazu, um das ganze Ausmaß von **Nathanaels Selbstliebe** und seinem beginnenden Wahnsinn zu verdeutlichen. In diesem Zusammenhang wirkt es wie ein beabsichtigter Doppelsinn, dass es von Olimpia heißt, sie blicke ihrem Verehrer „unverrückt" (nicht nur *starr,* sondern auch *nicht verrückt*) ins Auge: Sie ist so stumpf, dass sie Nathanaels Verstiegenheiten mit demselben scheinbaren Gleichmut aufnimmt, mit dem sie ihm auch sonst begegnet.

Der **entlarvende Aspekt** dieses Motivs zeigt sich aber nicht nur in Bezug auf Nathanael, sondern **auch im Hinblick auf die Gesellschaft**, in der er lebt. Sicherlich lässt sich sagen, dass

Coppola und Spalanzani die Menschen mit ihrem Machwerk, dessen wahre Beschaffenheit sie verschweigen, hinters Licht führen. Aber Hoffmann bemerkt auch sehr ironisch, dass Spalanzani sich „der Kriminaluntersuchung wegen der menschlichen Gesellschaft betrüglicher Weise eingeschobenen Automats" (S. 39) entzieht. Nachdem der Schwindel aufgedeckt ist, wird beklagt, dass es Spalanzani gelungen sei, „vernünftigen Teezirkeln (Olimpia hatte sie mit Glück besucht) statt der lebendigen Person eine Holzpuppe einzuschwärzen" (S. 38).

Geselligkeit bei Rahel Varnhagen, Gastgeberin eines so genannten literarischen Salons in Berlin nach 1800. Radierung von Erich M. Simon, um 1825

Hier wird die Erzählung deutlich zur **Satire** und übt spöttisch Kritik an einer bürgerlichen Gesellschaft, die sich selbst so ‚mechanisch' verhält, dass sie nicht mehr zwischen Puppen und lebendigen jungen Frauen, zwischen künstlichen und natürlichen Wesen unterscheiden kann; denn dass es Spalanzani gelingt, die zwar schöne, aber wortkarge und steife Puppe bei dem Konzert und auf den Teegesellschaften zu präsentieren, ohne dass ihre Leblosigkeit als allzu befremdlich auffällt, beweist nur, dass die anwesenden Frauen sich nicht so sehr von ihr unterscheiden, außer dass Olimpia, wie der Erzähler mit sichtlichem Genuss berichtet, „gegen alle Sitte öfter genieset, als gegähnt hatte“ (S. 39). Damit ist der Vorwurf des Betrugs, dem sich Spalanzani ausgesetzt sieht, in gewisser Weise entschärft, da eine Gesellschaft, die so verblendet ist und sich derart verführen lässt, dass sie einen Automaten als Menschen akzeptiert, selbst schuld ist und es fast nicht besser verdient hat.

Leitmotive

Die Augen

- „Spiegel der Seele“: In den Augen äußert sich das wahre Wesen des Menschen, zeigen sich seine wirklichen Gefühle. Kennzeichnenderweise blickt Nathanael, wenn er Clara ansieht, seiner Verlobten jedoch nicht in die Seele. Vielmehr sind die Augen der anderen für Nathanael nur die Projektionsfläche seiner eigenen Ängste (der Tod, der ihn aus Claras Augen anblickt) und Wünsche (Olimpias leerer Blick als gleichsam unbeschriebenes Blatt).
- Nicht sehen zu können bedeutet, nicht zu verstehen, also die Realität nicht mehr zu erkennen und zu begreifen.
- Der Verlust der Augen versinnbildlicht den Tod. Olimpia ist ohne die Augen nicht lebendig.
- Das Auge wird zum zentralen menschlichen Wahrnehmungsorgan.

Der Automat

- Nathanael meint während seines traumatischen Erlebnisses im Zimmer des Vaters wahrzunehmen, dass Coppelius ihn wie ein Automat behandelt, dem man die Gelenke abschrauben kann.
- Clara verhält sich für Nathanaels Gefühl ihm gegenüber wie ein Automat und wird entsprechend von ihm in einem unbeherrschten Moment als solcher bezeichnet.
- In der Gesellschaft gehört ein automatenhaftes, steifes Verhalten zum so genannten guten Ton. Zivilisiertheit ist zur Künstlichkeit geworden.
- Einen Automaten nicht zu erkennen, weist auf eine grundsätzliche Verkennung der Realität hin, also im übertragenen Sinne auf den Verlust der Sehfähigkeit.

4 „Der Sandmann“ als Erzählung der Romantik

Die Entstehung von Automaten wie die in E. T. A. Hoffmanns Erzählung beschriebene Puppe Olimpia ist ein Ausdruck des fortschrittsgläubigen 18. Jahrhunderts. Der Maschinenmensch war nicht mehr nur denkbar, sondern es gab ihn nun tatsächlich (vgl. *Interpretationshilfe* S. 56). Es ist das Zeitalter der **Aufklärung,** in dem die Welt, ihre Grundlagen und Zusammenhänge durch naturwissenschaftliche Erkenntnisse zunehmend erklärbar und damit berechenbar erschienen. Herrschendes Autoritätsdenken, Vorurteile und Aberglauben wurden kritisiert, durch den Vorrang des Verstandes erschienen Gefühle und Verhalten beeinflussbar und beherrschbar. Dieses Denken spiegelte sich in vielfacher Hinsicht in der Wissenschaft, der Philosophie und vor allem auch in der Literatur des 18. Jahrhunderts und bildete die Voraussetzung für die Werke der **Klassik**. Die Dramen Goethes und Schillers und auch die Bildungs- und Entwicklungsromane jener Zeit beschreiben, wie es dem Menschen gelingen sollte, sein Wesen und seinen Lebensweg zu vervollkommnen. Damit verbunden ist die Vorstellung von einer großen **menschlichen Freiheit**, die es dem Individuum ermöglicht, einen eigenen, selbstgewählten Weg zu gehen.

Genau dies aber ist für die Hauptperson Nathanael in E. T. A. Hoffmanns Erzählung *Der Sandmann* nicht möglich. **Nathanael** steht in deutlichem **Gegensatz** zu den sich auf ein Idealbild hin entwickelnden jungen Männern jener Entwicklungsromane der Aufklärung: Er ist nicht derjenige, der über seinen Lebensweg als Künstler bewusst und eigenverantwortlich entscheidet. Stattdessen scheint sein Leben einer Macht unterstellt zu sein, die er nicht beeinflussen kann. Nicht der klar denkende Verstand oder die Vernunft gestalten sein Leben, sondern eine Zerrissenheit, eine Vielzahl einander sich widersprechender Gefühle und Empfindungen. Und ausgerechnet ein Automat als eines der Produkte jener optimistischen Vorstellungen der Aufklärung ist mit Nathanaels Unglück zutiefst verbunden.

Hoffmanns Erzählung markiert die Abwendung von den Ideen und Idealen der Literatur der Aufklärung. In der Geschichte Nathanaels kommen stattdessen viele der Vorstellungen jenes gegen Ende des 18. Jahrhunderts auftretenden Zeitgeistes der **Romantik** zum Ausdruck, die dem Vorrang des Verstandes wieder das Gefühl, der klaren Ordnung die überbordende Fantasie und dem klassischen Helden eine empfindsame, sensible, verletzliche Hauptperson entgegenstellte. Diese sowohl dem Denken der Aufklärung wie auch der Literatur der Klassik entgegengesetzte Kunstrichtung entwickelte sich mit dem Ende des 18. Jahrhunderts und hielt sich bis in die Dreißigerjahre des 19. Jahrhunderts. Sie ist Ausdruck einer Kulturkrise, in der der ausgeprägte Fortschrittsglaube der Aufklärung verloren geht. Kennzeichnend ist, dass der Begriff der *Romantik* im Unterschied zu dem der *Aufklärung* vor allem im Bereich der Kunst an Gestalt gewinnt: in der Musik, der Literatur und der Malerei.

Da sich innerhalb dieser künstlerischen Felder ganz unterschiedliche, bisweilen auch recht gegensätzliche Vorstellungen entwickelten, ist es nicht ganz einfach, die Romantik unter einem einheitlichen Merkmal zusammenzufassen. Hinzu kommt, dass die Romantik – als Kunstepoche von relativ langer Dauer – verschiedene Phasen aufweist. So wird in der Literaturgeschichte meist zwischen der Frühromantik (einer Phase der Theoriebildung kurz vor 1800; Zentrum ist Jena, die Protagonisten sind der junge Friedrich Schlegel und Novalis), der Hochromantik (die vor allem in Heidelberg beheimatet ist, wo Clemens Brentano und Achim von Arnim nach 1805 alte Volkslieder sammeln und neu bearbeitet unter dem Titel *Des Knaben Wunderhorn* herausbringen) und der Spätromantik (für die beispielhaft die wehmütige Dichtung Joseph von Eichendorffs steht) unterschieden. Gemeinsam ist nahezu allen Strömungen dieser Zeit, dass in ihnen die bereits beschriebene Abgrenzung von den Ideen und vom Vernunftdenken der Aufklärung einhergeht mit einer großen Offenheit für **inhaltliche, sprachliche und formale Experimente**, für das Abgründige, das Fantastische und Wunderbare, für Illusionen, Arabesken, Ironie, Pathos und Groteske.

Friedrich Schlegel, einer der bekanntesten Dichter und Philosophen der Romantik, formulierte als Ziel der Romantik eine **„Poetisierung" der Welt**: „Die romantische Poesie ist eine progressive Universalpoesie. Ihre Bestimmung ist nicht bloß, alle getrennten Gattungen der Poesie wieder zu vereinigen [...]. Sie soll auch Poesie und Prosa, Genialität und Kritik, Kunstpoesie und Naturpoesie bald vermischen, bald verschmelzen".[3] Die Dichtung, aber nicht nur sie, sondern auch die anderen Künste sollten die Menschen wieder zu einer reicheren, vielfältigeren Wahrnehmung ihrer Wirklichkeit hinführen. Dazu gehört auch die größtmögliche, enge Beziehung zwischen den verschiedenen Kunstarten, also eine Form der Universalität von Kunst, wie sie bei dem künstlerisch vielseitig talentierten Hoffmann im Nebeneinander musikalischer, literarischer und zeichnerischer Werke beispielhaft verwirklicht ist. Die Menschen sollten durch die Kunst für das Wunderbare des äußeren, aber auch des inneren, gedanklichen, Lebens geöffnet werden, das sich aus Sichtbarem und Unsichtbarem, Alltäglichem und Göttlichem zusammensetzt. Dieser inhaltlichen, thematischen Öffnung entspricht in vielen Werken der Romantik eine Offenheit der Form, eine Tendenz zum Experiment. So fehlt nach dem Urteil Gero von Wilperts vielen Werken der Romantik „die strenge formale Konzeption; sie sind nach oben hin offene Formen, Fragmente, Improvisationen, Arabesken".[4] Dem **Künstler, dem Dichter** kommt dabei durch seine Sensibilität und seine Ausdrucksfähigkeit eine **besondere Stellung** zu. Mit seiner Inspiration und seiner Fantasie kann er den Lesern dieses Wunderbare, das im Leben aller Menschen existiert, in seinen Dichtungen vermitteln. Der Erzähler im *Sandmann* formuliert diesen Gedanken so: „Vielleicht wirst du, o mein Leser! dann glauben, dass nichts wunderlicher und toller sei, als das wirkliche Leben und dass dieses der Dichter doch nur, wie in eines matt geschliffnen Spiegels dunklem Widerschein, auffassen könne.“ (S. 19)

Der Sandmann als Erzählung der Romantik

Romantik	**Aufklärung, aber auch Klassik**
• Glaube an das „Wunderbare“, aber auch an „dunkle Mächte“; dadurch gleichsam tiefenpsychologische Sensibilität für die Abgründe der menschlichen Seele	• eher rationales Denken; der Verstand beeinflusst das Gefühl; alles erscheint erklärbar, so wie es in der Sichtweise Claras zum Ausdruck kommt
• Bedrohlichkeit der Technik, hier verkörpert durch den Automaten Olimpia	• Fortschrittsglauben, auch in Bezug auf die technische Entwicklung
• Entdeckung der Kindheit als möglicherweise traumatische Entwicklungsphase. Der Mensch unterliegt nicht ausschließlich seinem eigenen freien Willen, sondern zahlreichen anderen, nicht kontrollierbaren Einflüssen.	• Vorstellung von menschlicher Freiheit, Autonomie, Lernfähigkeit, Willenskraft
• „Poetisierung der Welt“; zentrale Bedeutung des Dichters: er kann in seinen Werken das „Wunderbare“ zum Ausdruck bringen; Märchen als bevorzugte Form, auch in eher schauerlichen Varianten; Vielfalt der Formen; sprachliche Experimente, Offenheit	• strengere, klarere Formen; klassisches Drama; Entwicklungsroman

Durch künstlerische Gestaltung soll das Sichtbare des Lebens, die äußere Realität, mit dem Unsichtbaren, dem Überwirklichen, eben dem Wunderbaren verbunden werden. Der Künstler soll die hinter den Dingen stehende Wahrheit, die auch eine religiöse, eine göttliche Wahrheit sein kann, zum Ausdruck bringen. Das Märchen, das in besonderer Weise dem Fantastischen Raum gibt, ist deshalb die bevorzugte literarische Form innerhalb der Romantik. E. T. A. Hoffmann hat für die Einbeziehung des Wunderbaren in die literarische Darstellung den Ausdruck „**Serapiontisches Prinzip**" gewählt, abgeleitet von seiner Erzählungssammlung *Die Serapionsbrüder*. Reales und Fantastisches sollen in der Dichtung miteinander verbunden werden, um dem Menschen die Vielfalt seines Lebens bewusst zu machen.

Der Dichter darf sich aber nicht in diese Welt des Wunderbaren verlieren, sondern muss den **Bezug zur alltäglichen Realität** behalten. Hoffmann setzt sich mit der Darstellung von Nathanaels Scheitern in seiner Erzählung auch mit einer für die Romantik typischen Problematik auseinander. Nathanael wäre gern ein romantischer Künstler. Aber seine Wahrnehmung der Realität ist getrübt, und deshalb wird er, trotz seiner vorhandenen künstlerischen Fähigkeiten, dem eigenen Anspruch an seine Werke nicht gerecht. Seine Versuche zu dichten leiden unter seiner Zerrissenheit, seinen Ängsten und unter seiner Unfähigkeit, sich in der Wirklichkeit zurechtzufinden. Dies wird besonders deutlich, als er das Gedicht verfasst, dessen Gegenstand „jene düstre Ahnung" ist, „dass Coppelius sein Liebesglück stören werde" (S. 23). „Als er jedoch nun endlich fertig worden [...], da fasste ihn Grausen und wildes Entsetzen [...] – Bald schien ihm jedoch das Ganze wieder nur eine sehr gelungene Dichtung" (S. 24).

Nathanaels Dichtungen leiden aber auch unter seiner zu starken **Ichbezogenheit**. Sie spiegeln nur noch sein eigenes Inneres und können deshalb von anderen Personen kaum noch verstanden werden. „Sonst hatte er eine besondere Stärke in anmutigen, lebendigen Erzählungen, die er aufschrieb, [...] jetzt waren seine Dichtungen düster, unverständlich, gestaltlos [...] dunkle, düstere, langweilige Mystik" (S. 22 f.). Die rational denkende Clara empfindet seine Werke als ermüdend und der Erzähler bestätigt diese Einschätzung: „Nathanaels Dichtungen waren in der Tat sehr langweilig.“ (S. 23) Das ausführlich beschriebene Gedicht, ein sich vollständig in Fantasien verlierendes Werk Nathanaels, bezeichnet Clara entsetzt als „das tolle – unsinnige – wahnsinnige Märchen“ (S. 25). Seine Dichtung hat als „Märchen“ mit dem normalen, alltäglichen Leben zu wenig gemeinsam, so wie Nathanael selbst, geprägt von seinem Trauma, immer mehr den Bezug zur äußeren Wirklichkeit einbüßt und nur noch seine inneren Empfindungen zum Ausdruck bringen kann. So verliert er sein Publikum. Bei Olimpia darf er sich zwar noch einmal als Dichter fühlen: „Aus dem tiefsten Grunde des Schreibpults holte Nathanael alles hervor, was er jemals geschrieben. Gedichte, Fantasien, Visionen, Romane, Erzählungen, das wurde täglich vermehrt mit allerlei ins Blaue fliegenden Sonetten, Stanzen, Kanzonen“ (S. 35). Aber zu diesem Zeitpunkt hat er den Bezug zum Leben schon verloren.

Dichten bedeutet bei Nathanael, eine „düstre Ahnung [...] zum Gegenstande eines Gedichts zu machen“ (S. 23). Nathanael scheitert als Dichter deshalb, weil er mit seinen Werken nur noch seinen Visionen und sehr subjektiven Ängsten Ausdruck verleiht:

> *Er versank in düstre Träumereien [...]; immer sprach er davon, wie jeder Mensch, sich frei wähnend, nur dunklen Mächten zum grausamen Spiel diene, vergeblich lehne man sich dagegen auf [...]. Er ging so weit, zu behaupten [...] die Begeisterung, in der man nur zu schaffen fähig sei, komme nicht aus dem eignen Innern, sondern sei das Einwirken irgendeines außer uns selbst liegenden höheren Prinzips. (S. 21)*

Es gelingt ihm aber mit seiner Dichtung nicht, seine Zuhörerin Clara wirklich anzusprechen und in ihrem Inneren zu bewegen. Seine Art der Hinwendung zum Fantastischen, Märchenhaften bleibt ohne Resonanz, denn für die realistischer eingestellte Clara sind seine Fantasien zu abwegig. Hierin liegt, wenn man überhaupt davon sprechen mag, Nathanaels Versagen als Dichter. Er empfindet sich mit einer gewissen Überheblichkeit als der wahre Dichter, der sich den anderen, den „kalten prosaischen Menschen" (S. 34) nicht verständlich machen kann: „Nur dem poetischen Gemüt entfaltet sich das gleich organisierte!", ruft er im Gespräch mit Siegmund aus (S. 34). Er selbst nimmt für sich in Anspruch, über diese besondere Disposition zu verfügen und daher als einziger Olimpias wahres Wesen zu begreifen:

> *„[...] Sie spricht wenig Worte, das ist wahr; aber diese wenigen Worte erscheinen als echte Hieroglyphe der innern Welt voll Liebe und hoher Erkenntnis des geistigen Lebens in der Anschauung des ewigen Jenseits. Doch für alles das habt ihr keinen Sinn und alles sind verlorne Worte." (S. 35)*

Diese trotzigen Behauptungen Nathanaels wirken – zumal angesichts der geistigen Leere Olimpias – wie eine Parodie auf die frühromantische Theorie, in der die Dichtung ausdrücklich als **Hieroglyphe** (also als schwer entzifferbares Schriftzeichen einer entschwundenen Welt, zu der nur noch Eingeweihte, besonders Schriftkundige Zugang haben) figuriert. Wenn man, so könnte man diese Anspielung interpretieren, ein allzu großes Geheimnis um den vermeintlichen Sinn der Welt macht, dann entsteht der berechtigte Verdacht, dass in Wahrheit ‚nichts dahintersteckt', dass die Geheimniskrämerei nur verbergen soll, dass die Geheimniskrämer selbst durchaus nicht über den „Stein der Weisen" verfügen, sondern bestenfalls sich selbst, schlimmstenfalls aber aus Geltungsdrang auch ihre Mitmenschen täuschen.

Bei allem Unerklärlichen und Unheimlichen, das die Erzählung vermittelt, deutet Hoffmann doch, wie bereits beschrieben, als Ursache für diese Schwäche Nathanaels frühkindliche traumatische Erfahrung an. Das Trauma wirkt fort, entwickelt eine

Art unbewusstes Eigenleben und kann von Nathanael nicht mit den Mitteln des Verstandes bewältigt werden. Sein Wahnsinn ist eine **Erkrankung seiner Seele** und entzieht sich damit weitgehend seinem bewussten Einfluss. Nathanael aber hält das, was ihm widerfährt, für ein düsteres Geschick und sieht nicht den eigenen psychologischen Anteil daran. In dieser Darstellung, die versteckte Bedingungen menschlichen Verhaltens bewusst machen will, zeigt sich eine **Besonderheit der Romantik**, die zwar nicht bei allen Autoren jener Zeit vorhanden ist, aber doch insgesamt betrachtet eine große Rolle spielt: die **Kindheit wird als besondere Entwicklungsphase** der menschlichen Psyche entdeckt. Während in der Zeit der Aufklärung der menschliche Verstand, die Ratio, im Vordergrund stand, kommen nun in der Romantik die unbewussten, irrationalen und gefühlsbetonten Aspekte menschlichen Denkens und Handelns in den Blick, die sehr komplex, aber auch in sich selbst bisweilen widersprüchlich sein können. In jener Zeit wuchs auch das Interesse für psychische Krankheitsbilder und damit das Verständnis für eine nicht mehr so scharfe Trennung zwischen psychischer Gesundheit und Erkrankung, zwischen Normalität und Wahnsinn. Auch in der Darstellung von Nathanael werden von E. T. A. Hoffmann diese beiden Zustände so miteinander verwoben, dass nicht immer klar ist, ob er noch als gesund betrachtet werden kann oder schon als krank bezeichnet werden muss. Das zunehmende Interesse jener Zeit an den individuellen psychischen Voraussetzungen geht auch einher mit einer wachsenden Kenntnis über die familiären Prägungen in der frühen Kindheit und die möglicherweise daraus resultierenden seelischen Folgen. Auch die für Nathanael entscheidende seelische Verletzung ereignet sich in seiner Kindheit. Hoffmann nimmt in gewisser Weise Erkenntnisse späterer tiefenpsychologischer Ansätze vorweg (vgl. *Interpretationshilfe* S. 101); auch darin liegt die Modernität der Erzählung *Der Sandmann* begründet.

5 Form und Sprache

Wie schwierig es sein kann, für „das innere Gebilde“ (S. 18), von dem man erzählen will, auch die richtigen Worte zu finden, darüber lässt Hoffmann den Ich-Erzähler gleich im Anschluss an die drei an den Anfang gestellten Briefe nachdenken. Damit behandelt er ein grundsätzliches Problem, das sicherlich alle Dichter immer wieder beschäftigt. Indem Hoffmann diese **poetologische Frage nach der „richtigen“ Form** für einen Inhalt innerhalb der Erzählung selbst aufwirft, macht er dem Leser bewusst, dass eine Geschichte sich nicht selbst erzählt, sondern immer auch von der Kunstfertigkeit des Erzählers, seiner tieferen oder oberflächlicheren Einsicht in die geschilderten Ereignisse, seinen Interessen, Vorlieben und Abneigungen beeinflusst ist. Die drei Briefe, mit denen die Erzählung beginnt, könnten den Eindruck erwecken, dass sich der Erzähler hier, indem er die Dokumente sprechen lässt, völlig neutral verhält und gleichsam ganz aus dem Spiel bleibt. Diese Illusion wird aber in der Ansprache des Erzählers an den Leser, die unmittelbar auf die drei Briefe folgt, wieder gründlich zerstört.

Der Ich-Erzähler überlegt, dass die Erzählung nicht „farblos und frostig und tot“ (S. 18) wirken soll, sondern am besten „mit allen glühenden Farben und Schatten und Lichtern [...] gleich im ersten Wort alles Wunderbare, Herrliche, Entsetzliche, Lustige, Grauenhafte, das sich zugetragen, recht zusammengreifen, sodass es, wie ein elektrischer Schlag, alle treffe“ (S. 18). Das wäre das Ideal, aber dem Erzähler scheint, als sei es leider nicht zu verwirklichen. Deshalb überdenkt er einen anderen Weg, den er sehr anschaulich mit der Vorgehensweise eines Malers vergleicht. „Hattest Du aber, wie ein kecker Maler, erst mit einigen verwegenen Strichen, den Umriss deines innern Bildes hingeworfen, so trugst du mit leichter Mühe immer glühender und glühender die Farben auf.“ (S. 18)

Auch wenn der Ich-Erzähler nach der geschilderten Reflexion über den Beginn einer Geschichte kokett-ironisch erklärt, er habe beschlossen, „gar nicht anzufangen“ (S. 19), beweist die Erzählung selbst natürlich das Gegenteil. Und der Anfang des *Sandmann* zeigt, dass E. T. A. Hoffmann sogar beides gelungen ist: der „elektrische Schlag“ genauso wie der „Umriss“ des Malers. Der Leser wird mit Nathanaels erstem Brief ganz unvermittelt und etwas atemlos in die Ereignisse hineingezogen – „Etwas Entsetzliches ist in mein Leben getreten!“ (S. 3) – und gleichzeitig entwirft dieser Brief auch den „Umriss“ der gesamten Handlung, die im Folgenden dann weiter „ausgemalt“ wird.

Selbstbildnis – Lithografie nach einer Zeichnung E. T. A. Hoffmanns, die 1809 in Bamberg entstand und mit dem Zusatz „sehr ähnlich“ versehen ist.

Multiperspektivität der Erzählung

Dass am Ende der Erzählung unklar bleibt, wie alles zugegangen ist, hängt in formaler Hinsicht wesentlich mit der von E. T. A. Hoffmann **bewusst eingeschränkten Erzählperspektive** – der Sicht des fiktiven Ich-Erzählers – zusammen; denn von diesem erfährt der Leser nicht, ob denn Nathanaels Angst vor einem sein Schicksal beeinflussenden Dämon nun berechtigt ist oder ob, wie Clara vermutet, alle Bedrohung nur in seinem Inneren existiert.

Im ersten Teil der Erzählung wird der Leser zunächst durch die Ich-Form der Briefe mit den beiden Hauptpersonen der Erzählung vertraut gemacht. Nathanael und Clara geben in einer Art Dialog einen direkten Einblick in ihre Gedanken und Gefühle. Dann tritt, für den Leser etwas unerwartet, der Ich-Erzähler auf und gibt sich als Arrangeur der drei Briefe zu erkennen. Dieser Erzähler bezeichnet Nathanael als seinen „armen Freund“ (S. 17). Unklar bleibt, ob dies buchstäblich gemeint und der Ich-Erzähler ein tatsächlicher Freund der Hauptperson ist. Da der Erzähler als Person in der eigentlichen Handlung nicht vorkommt, kann diese Bemerkung auch als rhetorische Wendung verstanden werden, die lediglich illustrieren soll, dass der Erzähler von der Geschichte Nathanaels erfahren hat und innerlich so sehr davon bewegt ist, dass er sich dem jungen Mann nahe fühlt und nun von seinem Schicksal erzählen möchte.

Dieser Erzähler weiß sehr viel, aber eben doch nicht alles. Er kennt Nathanaels Familienverhältnisse (vgl. S. 19 f.) und die von ihm beschriebenen Ereignisse recht genau, auch wenn man nicht erfährt, woher er dieses Wissen hat. Er schildert in chronologischer Folge, teils sehr ausführlich, teils stark gerafft, was Nathanael im Anschluss an die Entstehung der Briefe widerfahren ist. Als er zu erzählen beginnt, hat er bereits einen Überblick über die ganze Geschichte. Aus dem Schluss der Erzählung ergibt sich, dass er – aus dem Abstand von mehreren Jahren – rückblickend berichtet.

Dieser Ich-Erzähler war persönlich bei den Ereignissen, von denen er erzählt, nicht dabei, jedenfalls deutet nichts darauf hin. Dennoch erzählt er häufig so, als habe er unmittelbar daran teilgenommen. In seinen Schilderungen baut er eine so große Nähe zu den Erlebnissen und Gedanken Nathanaels auf, dass er dessen Sichtweise nahezu völlig übernimmt, wie etwa die folgende Passage zeigt:

> *Schon auf der Treppe, auf dem Flur, vernahm er ein wunderliches Getöse; es schien aus Spalanzanis Studierzimmer herauszuschallen. – Ein Stampfen – ein Klirren – ein Stoßen – Schlagen gegen die Tür, dazwischen Flüche und Verwünschungen. [...] Es waren Spalanzanis und des grässlichen Coppelius Stim-*

men, die so durcheinander schwirrten und tobten. Hinein stürzte Nathanael von namenloser Angst ergriffen. Der Professor hatte eine weibliche Figur bei den Schultern gepackt, der Italiener Coppola bei den Füßen [...]. Voll tiefen Entsetzens prallte Nathanael zurück, als er die Figur für Olimpia erkannte [...]. (S. 36f.)

Hier wird deutlich aus der Perspektive Nathanaels heraus erzählt: Dabei wird aus Coppelius, dessen Stimme Nathanael zu hören glaubt, Coppola, den er dann tatsächlich sieht. Der Ich-Erzähler entscheidet nicht darüber, ob Nathanael sich verhört – oder womöglich sogar falsch oder ungenau hingesehen – hat, sondern übernimmt hier einfach dessen Wahrnehmung.

Nur **selten** weiß der Ich-Erzähler über Nathanaels Gedanken deutlich mehr als dieser selbst: „*Der* [Nathanael] dachte, kalten unempfänglichen Gemütern erschließen sich solche tiefe Geheimnisse nicht, ohne sich deutlich bewusst zu sein, dass er Clara eben zu solchen untergeordneten Naturen zähle." (S. 22) Auch die Entfremdung zwischen Clara und Nathanael beschreibt der Ich-Erzähler **als auktorialer, allwissender Erzähler**: „[...] und so entfernten beide im Innern sich immer mehr voneinander, ohne es selbst zu bemerken." (S. 23)

Manchmal aber nimmt der Ich-Erzähler Nathanael gegenüber (trotz der Nähe, die er zu ihm hat) auch eine **spürbar distanzierte Haltung** ein:

Als er jedoch nun endlich fertig worden, und das Gedicht für sich laut las, da fasste ihn Grausen und wildes Entsetzen und er schrie auf: „Wessen grauenvolle Stimme ist das?" – Bald schien ihm jedoch das Ganze wieder nur eine sehr gelungene Dichtung, und es war ihm, als müsse Claras kaltes Gemüt dadurch entzündet werden, wiewohl er nicht deutlich dachte, wozu denn Clara entzündet, und wozu es denn nun eigentlich führen solle, sie mit den grauenvollen Bildern zu ängstigen [...]. (S. 24)

Die Darstellung des Erzählers enthält ebenso **kritisch-ironische Untertöne**; besonders, wenn es um Nathanaels Realitätsverkennung geht:

> *Aber auch noch nie hatte er eine solche herrliche Zuhörerin gehabt. Sie stickte und strickte nicht, sie sah nicht durchs Fenster, sie fütterte keinen Vogel [...] Stundenlang sah sie mit starrem Blick unverwandt dem Geliebten ins Auge, ohne sich zu rücken und zu bewegen [...]. (S. 35)*

Aber auch wenn der Erzähler diese distanzierte Haltung einnimmt, geht er doch nicht so weit, die Wahrnehmung Nathanaels insgesamt einzuschätzen oder zu beurteilen. Er lässt offen, ob Nathanaels Ängste vor einem Komplott Coppolas und Spalanzanis angemessen sind oder nicht.

In Bezug auf **Clara** lässt der Erzähler seine **persönliche Beziehung** zu ihr durchschimmern: „in dem Augenblick steht Claras Bild so lebendig mir vor Augen, dass ich nicht wegschauen kann, so wie es immer geschah, wenn sie mich hold lächelnd anblickte" (S. 20). Aber auch wenn er ihr wohlgesonnen scheint, gibt er doch keine eindeutige Beschreibung ihrer Person. Er relativiert vielmehr den eigenen Standpunkt durch – wenn auch mit mancherlei Ironiesignalen versehene – Hinweise auf weitere Meinungen über Claras Gestalt und Charakter und überlässt es dem Leser, zu entscheiden, wie Clara tatsächlich eingeschätzt werden sollte (vgl. *Interpretationshilfe* S. 38).

Der Ich-Erzähler wird insbesondere dann als Person spürbar, wenn er sich direkt **an den Leser** wendet – „[...] was ich dir, günstiger Leser! zu erzählen unternommen" (S. 17 f.) – oder wenn er Aspekte und Ereignisse **reflektiert**, die mit der Geschichte Nathanaels nicht direkt zu tun haben: beispielsweise die verschiedenen Möglichkeiten, seine Erzählung zu beginnen (S. 18 f.) oder die Schilderung der Reaktionen der so genannten ‚guten' Gesellschaft, die entdecken muss, auf einen Schwindler und seinen Automaten hereingefallen zu sein (S. 38 f.). Voller Ironie bemerkt er da: „Juristen nannten es sogar einen feinen und umso härter zu bestrafenden Betrug, als er gegen das Publikum gerichtet und so schlau angelegt worden, dass kein Mensch (ganz kluge Studenten ausgenommen) es gemerkt habe." (S. 38 f.)

Der Schauspieler Ludwig Devrient und E. T. A. Hoffmann. Federzeichnung Hoffmanns in einem Brief an Devrient, um 1818

Es gelingt diesem Ich-Erzähler, dem Leser zahlreiche Einblicke zu vermitteln. Aber er ist nicht in jeder Situation allwissend, ist also kein durchgehend auktorialer Erzähler, der alles kennt und durchschaut, auch wenn es in der Erzählung stellenweise so scheint. Es ist vor allem der **irritierende Wechsel zwischen der** sehr unmittelbar übernommenen **Figurenperspektive Nathanaels und der** dann wieder vorhandenen durchaus **kritischen Distanz** des Ich-Erzählers zu ihm, der den Leser verwirrt; denn eigentlich würde man von jemandem, der zum Teil eben doch einen so großen Überblick und einen so genauen Einblick in die Geschehnisse hat, auch eine Stellungnahme zu den entscheidenden Fragen erwarten. Aber der Ich-Erzähler klärt nicht auf, ob Coppelius und Coppola wirklich identisch sind, worin ihre Absichten bestehen und ob all das, was Nathanael widerfährt, sich nun tatsächlich so oder nur in dessen Fantasie abgespielt hat. In den Momenten, in denen es um diese Fragen geht, beschränkt er sich auf die Perspektive Nathanaels, wodurch der Leser in dessen Erlebniswelt hineingezogen wird.

Es ist ein **Kunstgriff E. T. A. Hoffmanns**, diesen in gewisser Weise ‚befangenen' und die Perspektiven wechselnden Ich-Erzähler einzusetzen. Dem Leser wird damit die Möglichkeit abgeschnitten (oder zumindest erschwert), die Seltsamkeiten der Geschichte leichthin als Fantastereien Nathanaels abzutun. Er muss sich – auch wenn er sie nicht ‚für bare Münze nimmt' – mit den Erlebnissen und Ängsten Nathanaels auseinander setzen. Noch weniger kann der Leser die Geschichte einfach als *Fantasy*-Literatur aufnehmen, in der man sich über das Auftreten dunkler Mächte keine sonderlichen Gedanken machen muss. Zu groß ist dafür der Realitätsgehalt der Geschichte, zu deutlich sind die Hinweise des Erzählers auf den Kausalzusammenhang zwischen den Ängsten, die Nathanael quälen, und dem frühen traumatischen Erlebnis, von dem er in dem ersten Brief der Erzählung berichtet.

Indem er die Deutung der Geschehnisse offen hält, gelingt Hoffmann die von ihm beabsichtigte vielschichtige Wiedergabe der Realität. Er wählt dieses Verfahren, das man auch als **Multiperspektivität** eines Textes bezeichnet, um eine vielschichtige Wirklichkeit, die sich nicht auf einfache, eindimensionale Weise erschließt, auch als solche darzustellen. So kann die Erzählung, wie Rudolf Drux es ausdrückt, einer „Wirklichkeit angenähert werden, in der sich fortwährend Wunderbares und Alltägliches durchdringen und phantastische Phänomene mit prosaischen Sachverhalten vermischen. Ebendiese Vielschichtigkeit des Daseins erfordert, damit es im Text, obgleich nur verzerrt, gebrochen und unscharf, widergespiegelt werden kann, eine multiperspektivische Darstellung".[5]

Konstruktion der „Multiperspektivität"

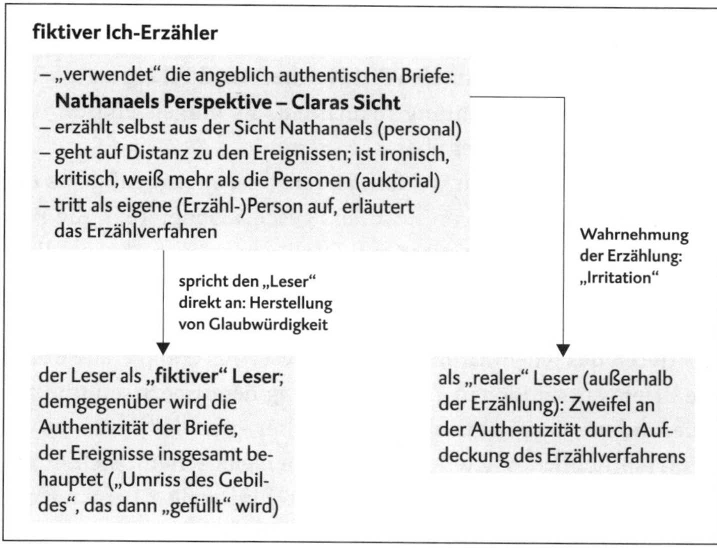

Die Verunsicherung, das Entsetzen und die Verliebtheit Nathanaels werden für den Leser genauso nachvollziehbar wie die Skepsis Claras oder die Bedenken Siegmunds. Durch die Multiperspektivität wird dem Leser immer wieder ein Wechsel von Nähe und Distanz zu den Ereignissen aufgezwungen. Hoffmann zieht den Leser mit diesem Perspektivenwechsel unablässig in eine neue Richtung, zu einem neuen Standpunkt, sodass der Leser letztlich nicht genau weiß, was er denn nun glauben soll. Als eine Folge dieser Erzählweise gibt es nicht nur eine ‚Wahrheit', eine Deutung der Ereignisse, sondern verschiedene Möglichkeiten, das Geschehen zu verstehen und zu interpretieren. „Die Fiktion veröffentlichter Briefe", so Rudolf Drux, „gehört ebenso wie die Verwendung eines Elemente und Methoden des Erzählens reflektierenden Erzählers zu einem narrativen Verfahren, mit dem der Autor Hoffmann unzweifelhaft perspektivische Vielfalt zu erreichen sucht."[6]

Das „Spiel" mit dem Leser

Mit dieser Multiperspektivität zusammen hängt auch ein gewisses „Spiel", eine zusätzliche Irritation, der Hoffmann den Leser in Bezug auf die **Frage nach Wirklichkeit und Fiktion** aussetzt. Es scheint in der Erzählung manchmal, als gingen Fiktion und Wirklichkeit ineinander über.

Die Briefe zu Beginn werfen, anders als ein eindeutig aus der Perspektive eines fiktiven Erzählers geschriebener Text, die Frage nach ihrer **Authentizität** auf. Der Leser weiß nicht, ob diese Briefe von E. T. A. Hoffmann erdacht oder ob sie authentisch sind und von Hoffmann lediglich verwendet wurden. Durch das Auftreten des Ich-Erzählers wird der Leser aus dem gerade durch die Briefe entstandenen Zusammenhang herausgerissen und auf eine andere Erzählebene gehoben. Hier geschieht nun etwas Widersprüchliches, Zwiespältiges: Einerseits scheint sich durch das Einschalten des Ich-Erzählers der fiktionale Charakter der Erzählung insgesamt, und damit auch der Briefe, zu bestätigen; andererseits behauptet der Ich-Erzähler nun gerade die Authentizität der Briefe, die er von Lothar erhalten habe. Da er aber die Briefe als ein besonders geeignetes Mittel für das künstlerische Ziel, überzeugend zu wirken, beschreibt, lässt er wiederum Zweifel an genau dieser Authentizität aufkommen. Denn er bezeichnet sie ja als den bloßen „Umriss des Gebildes, in das […] nun erzählend immer mehr und mehr Farbe" (S. 19) hineingebracht werde. Auch dass der Leser dann in die Reflexion über die verschiedenen Erzählweisen hineingeführt wird, dürfte ihn verunsichern; denn durch dieses Nachdenken über das Erzählen in der Erzählung selbst gibt es auf einmal noch eine zusätzliche Erzählebene und der Leser weiß nicht mehr genau, auf welcher er sich befindet. Durch diese Erläuterung, die den Prozess des Erzählens selbst beschreibt, wird die Illusion von Authentizität eben dieses Erzählvorgangs wieder durchbrochen; gleichzeitig wird die vermeintliche Authentizität der Person des Erzählers, der sich an den Leser wendet und mit ihm sein erzählerisches Handwerk bespricht, gestärkt; und dennoch befindet man sich weiterhin in einer Erzählung.

Dem Leser wird bewusst gemacht, dass er es mit einem Erzähler zu tun hat, der seine Wahrnehmung der Geschichte beeinflussen kann, wenn er ein bestimmtes Bild zeichnen möchte und sich dazu bestimmter Mittel bedient. Genau die Illusion, die der Erzähler herstellen möchte, zerstört Hoffmann also bewusst im gleichen Moment auch wieder. Dem Leser kommen Zweifel an der Wahrheit der Aussage, die Briefe seien real, und genau dies ist auch beabsichtigt. Indem durch den Ich-Erzähler das gewählte literarische Verfahren offen gelegt und thematisiert wird, sieht sich der Leser in die Entstehung einer bestimmten und beabsichtigten Wirkung einbezogen – er fühlt, dass seine Reaktion vorauskalkuliert worden ist, und muss sich an dieser Stelle nicht nur mit dem Text, sondern auch mit sich selbst auseinander setzen. Auch auf diese Art bleibt der Leser nicht mehr der bloße Beobachter eines dargestellten Geschehens, sondern er wird auf einer höheren Ebene als ein am Geschehen zumindest gedanklich Beteiligter in die Erzählung hineingezogen. Hier zeigt sich erneut ein wesentliches Element romantischer Literatur, über die Gero von Wilpert schreibt: „Die spielerische Freiheit des Dichters und das Bewusstsein der unüberbrückbaren Kluft von Endlichem und Unendlichem erlauben dem Schöpfer, sich durch die sog. romantische Ironie über seine eigene Kunst zu erheben, selbst die durch das Werk erzeugte Illusion wieder aufzuheben und die beengende Wirklichkeit [...] zu besiegen.“ [7]

Spannung: Das Unheimliche

Der Sandmann ist ein Text **voller Kontraste**. Die Erzählung hat zahlreiche durchaus heitere Momente, enthält aber auch viel Unheilvolles, Düsteres. Die Spannung wird nicht allein durch die Beschreibung von Nathanaels geistiger Verwirrung erzeugt, die, auch wenn sie manchmal mit einer gewissen Ironie dargestellt wird, in ihrer Entwicklung bis zum Wahnsinn für sich genommen schon aufregend und schauerlich genug ist. Hoffmann verwendet noch eine Reihe weiterer Kunstgriffe, durch die beim Leser Neugier, Verunsicherung und Schrecken zugleich erzeugt werden. Zusätzlich schwebt als Nervenkitzel über der gesamten Erzählung die bereits erörterte Frage, ob und wie sich das Geheimnis um Coppelius auflösen lässt. Darüber hinaus ist der Text so gestaltet, dass die sich langsam steigernde Dramatik immer wieder kurz von verzögernden, retardierenden Phasen unterbrochen wird (vgl. *Interpretationshilfe* S. 19 f.), zu denen vor allem die Erzählerexkurse zu rechnen sind.

Kurz und gut, das Entsetzliche, was mir geschah, dessen tödlichen Eindruck zu vermeiden ich mich vergebens bemühe, besteht in nichts anderm, als dass vor einigen Tagen, nämlich am 30. Oktober mittags um 12 Uhr, ein Wetterglashändler in meine Stube trat und mir seine Ware anbot. (S. 3)

Mitten aus der scheinbar harmlosen Alltäglichkeit heraus entsteht für Nathanael abrupt eine bedrohliche Situation. Zunächst kann der Leser noch nicht nachvollziehen, welcher Schrecken sich hinter diesem Ereignis verbirgt, aber bereits hier beunruhigt der Kontrast zwischen scheinbarer Normalität und tödlichem Entsetzen auch den Leser. Es sind immer wieder die **plötzlichen Umschwünge**, aus denen dieser Schrecken entsteht, und sie ereignen sich nicht zur Nachtzeit, sondern am helllichten Tage in einer normalen Umgebung. Hier zeigt sich sehr deutlich eine charakteristische Vorstellung der Romantik: Zu jeder Stunde ist das unerwartete Auftreten des Unerklärlichen, des Wunderbaren in der alltäglichen Welt möglich.

Eben schrieb er an Clara, als es leise an die Tür klopfte; sie öffnete sich auf seinen Zuruf und Coppolas widerwärtiges Gesicht sah hinein. Nathanael fühlte sich im Innersten erbeben;" (S. 27).

> *Er suchte nach dem Ringe [...], steckte ihn ein und rannte herüber zu Olimpia. Schon auf der Treppe, auf dem Flur, vernahm er ein wunderliches Getöse; es schien aus Spalanzanis Studierzimmer herauszuschallen. [...] Hinein stürzte Nathanael von namenloser Angst ergriffen. (S. 36f.)*

Manchmal findet in der Erzählung aber auch eine zunächst eher langsame, dafür aber sehr spannungsgeladene Annäherung an die Ereignisse statt, indem beispielsweise beschrieben wird, wie sich für den im Arbeitszimmer seines Vaters versteckten Nathanael endlich das Geheimnis des Sandmanns enthüllt:

> *Leise – leise öffnete ich des Vaters Stubentür. [...] Näher – immer näher dröhnten die Tritte – es hustete und scharrte und brummte seltsam draußen. Das Herz bebte mir vor Angst und Erwartung. – Dicht, dicht vor der Türe ein scharfer Tritt – ein heftiger Schlag auf die Klinke, die Tür springt rasselnd auf! [...] Der Sandmann steht mitten in der Stube vor meinem Vater [...]. Der Sandmann, der fürchterliche Sandmann ist der alte Advokat Coppelius, der manchmal bei uns zu Mittage isst! – (S. 7)*

Diese Darstellung vollzieht mit Worten, was heute im Film mit einer langsam sich nähernden Kameraführung gestaltet werden würde; und so wie der Zuschauer im Kino das Geschehen immer als gegenwärtiges Geschehen erlebt, wechselt Hoffmann, kurz bevor der Höhepunkt der Spannung erreicht ist, wirkungsvoll ins szenische Präsens.

Die Erzählung enthält eine Reihe von **Vorahnungen**, wie Nathanaels Gefühl „dass ein dunkles Verhängnis wirklich einen trüben Wolkenschleier über mein Leben gehängt hat, den ich vielleicht nur sterbend zerreiße" (S. 10), und **symbolischen Vorausdeutungen**, wie beispielsweise den Umstand, dass ein Feuer das Haus, in dem Nathanael bisher wohnte, vernichtet hat (S. 26). Man kann dies so verstehen, dass das bisherige, sichere Zuhause Nathanaels, das auch im geistigen Sinne gemeint sein mag, zerstört worden ist. Dieser Umstand versetzt Nathanael physisch in die Nähe Coppolas und Spalanzanis und mit der Zeit eben auch psychisch zunehmend in deren Einflussbereich. Zugleich verweist das „Feuer" auf den „Feuerkreis" (S. 23 und 38) als Metapher für den drohenden Wahnsinn. Auch das Unheil am Ende der Erzählung scheint schon vorher auf: „der hohe Ratsturm warf seinen Riesenschatten über den Markt" (S. 40). In ähnlicher Weise wirkt Claras Beobachtung eines „sonderbaren kleinen grauen Busch[es], der ordentlich auf uns los zu schreiten scheint" (S. 42), als Vorausdeutung auf drohendes Unheil.

Hoffmann arbeitet auch mit der grotesken, der unheimlichen und gleichzeitig komischen Wirkung, die vom Verhalten Nathanaels ausgeht, wenn er Olimpia als menschliches Wesen wahrnimmt:

> *Eiskalt war Olimpias Hand, er fühlte sich durchbebt von grausigem Todesfrost, er starrte Olimpia ins Auge, das strahlte ihm voll Liebe und Sehnsucht entgegen [...]. (S. 31)*
> *„Ja du mein holder, herrlicher Liebesstern", sprach Nathanael, „bist mir aufgegangen und wirst leuchten, wirst verklären mein Inneres immerdar!" „Ach, ach!" replizierte Olimpia fortschreitend." (S. 33)*

Der Leser ahnt, durch eine Reihe von Hinweisen vorbereitet, die wahre Beschaffenheit dieser Beziehung und durchlebt nun in seiner eigenen Fantasie schon **im Voraus das Grauen**, das Nathanael dann im Moment der Zerstörung Olimpias ereilt.

Sprache und Stil der Erzählung

Hoffmanns stilistische und sprachliche Palette ist groß. Nicht ohne Grund vergleicht der Ich-Erzähler den Dichter mit einem Maler: „Hattest du aber, wie ein kecker Maler, erst mit einigen verwegenen Strichen, den Umriss deines innern Bildes hingeworfen, so trugst du mit leichter Mühe immer glühender und glühender die Farben auf“ (S. 18). Auch Hoffmann selbst, der vielseitig begabte Künstler, malt und komponiert seine Erzählung geradezu.

Auch wenn die Erzählung, verglichen mit unserem heutigen Sprachgebrauch, manche inzwischen etwas ungewöhnliche Wendung enthält, wirkt sie doch lebendig, anschaulich und durch die Art und die Vielfalt ihrer sprachlichen Gestaltung mitreißend, manchmal geradezu aufwühlend. Bewegung entsteht durch den Wechsel der Erzählperspektive und durch den sich immer wieder verändernden **Tonfall** des Erzählers, **der zwischen Ironie, Sachlichkeit und Betroffenheit schwankt**.

Verstärkt wird dieser Eindruck von Lebendigkeit vor allem durch die vielen in direkter wörtlicher Rede wiedergegebenen **Gespräche** der Hauptpersonen, durch die der Leser das Gefühl erhält, unmittelbar Zeuge des Geschehens zu sein. Zudem verwendet Hoffmann, um die ganze Irritation und Hilflosigkeit Nathanaels zum Ausdruck zu bringen, immer wieder eine beinahe atemlos wirkende **Auflistung kurzer**, zum Teil unvollständiger **Sätze und Ausrufe**:

> *Da kreischte es auf in schneidendem trostlosen Jammer, fort stürzte ich nach des Vaters Zimmer, die Tür stand offen, erstickender Dampf quoll mir entgegen, das Dienstmädchen schrie: „Ach, der Herr! – der Herr!“ – Vor dem dampfenden Herde auf dem Boden lag mein Vater tot mit schwarz verbranntem grässlich verzerrtem Gesicht, um ihn herum heulten und winselten die Schwestern – die Mutter ohnmächtig daneben! (S. 11)*

Häufig finden sich **bildhafte Vergleiche zur Veranschaulichung von Gefühlen**: „Mir war es, als sei ich in schweren kalten Stein eingepresst“ (S. 11); „der Gedanke durchfuhr meine Brust wie ein glühender Dolchstich“ (S. 13); „und freut sich, wie das kindische Kind über die goldgleißende Frucht, in deren Innern tödliches Gift verborgen“ (S. 14). Darüber hinaus gibt es im Zusammenhang mit dem Wahnsinn Nathanaels zahlreiche Beschreibungen, bei denen die Dramatik von Nathanaels Erleben durch „Blut“ und „Feuer“ versinnbildlicht wird: „blutige Funken“ und „glühende Tropfen“ (S. 23) in seiner Dichtung, die Clara so missfällt, „flammende Blicke“ (S. 28), die er in Coppolas Brillensortiment wahrzunehmen glaubt, oder „der Wahnsinn mit glühenden Krallen“ (S. 38), der ihn ergreift, als Spalanzani mit Olimpias Augen nach ihm wirft.

Zur Erhöhung der Anschaulichkeit und Steigerung der jeweiligen Wirkung dienen **Farbbeschreibungen**, die Hoffmann – der sich hier als Erzähler gleichsam wie ein Maler verhält – zwar sparsam, dafür aber sehr wirkungsvoll verwendet. Sie treten im Wesentlichen im Zusammenhang mit den ausführlichen Personenbeschreibungen von Coppelius, Coppola und Spalanzani auf und heben diese Personen dadurch besonders in den Vordergrund. Coppelius wird folgendermaßen beschrieben: „mit [...] erdgelbem Gesicht, [...] grauen Augenbrauen [...] grünliche[n] Katzenaugen [...] dunkelrote[n] Flecke[n] [...] einem [...] aschgrauen Rocke [...] schwarze[n] Strümpfe[n] [...] roten Ohren“ (S. 7). Nur von ihm gibt es eine solche ausführliche und präzise äußere Beschreibung, die sein unangenehmes Wesen, seinen dubiosen Charakter widerspiegelt. Auffällig ist, dass Hoffmann Farben nur im Zusammenhang mit bedrohlichen Situationen einsetzt: der Vater liegt „tot mit schwarz verbranntem grässlich verzerrtem Gesicht“ (S. 11), Nathanael überkommen „[d]unkle Ahnungen [...] wie schwarze Wolkenschatten“ (S. 3), der Schrank im Arbeitszimmer des Vaters erweist sich überraschend als „eine schwarze Höhlung“ (S. 9) und Nathanael hat die schreckliche Empfindung, dass „blutrote Strahlen“ von den Brillen ausgehen, die Coppola auf seinen Tisch legt (S. 28).

Ein besonderes Merkmal von Hoffmanns Sprachstil sind die häufigen **Inversionen**, bei denen die normale Wortstellung verändert wird, um ein Element des Satzes besonders hervorzuheben: „Grässlich malte sich nun im Innern mir das Bild des grausamen Sandmanns aus“ (S. 5); „aber nicht los kann ich den Eindruck werden, den Coppelius’ verfluchtes Gesicht auf mich macht“ (S. 16).

Auffällig sind ferner die verschiedenen Formen von **Wortwiederholungen**: Es gibt zum einen häufige, nachdrückliche Verdoppelungen vor allem in der wörtlichen Rede: „nix Wetterglas, nix Wetterglas!“ (S. 27), „sköne Oke – sköne Oke!“ (S. 27), „Ich las und las!“ (S. 13), „Sei heiter – heiter!“ (S. 15). Viele Beschreibungen weisen zum anderen eine Tendenz zum Tautologischen auf, wie beispielsweise in: „ruhig und geduldig“, „alles klar und deutlich“, „jenes dumpfe Treten und Poltern“ (alle S. 4), „vor Angst und Entsetzen“ (S. 5), „Ekel und Abscheu“ oder „Bedacht und Absicht“ (beide S. 8). Oft steigert Hoffmann diese Form der **insistierenden Nennung** sogar noch weiter, und zwar vielfach so, dass sich eine **Klimax** ergibt: „langsamen, schweren, dröhnenden Schrittes“, „es hustete und scharrte und brummte“ (beide S. 7), „Jammer – Not – zeitliches, ewiges Verderben“ (S. 8), „Brust, Sinn und Gedanken“, „farblos und frostig und tot“ (beide S. 18), „über den Tisch, auf dem Phiolen, Retorten, Flaschen, gläserne Zylinder standen“ (S. 37).

Hoffmann **‚malt‘** auch **mit Lauten**. Das Bedrohliche des bevorstehenden Duells zwischen Lothar und Nathanael illustriert er mit zischenden *s*-Lauten: „[…] nach dortiger akademischer Sitte mit scharf geschliffenen Stoßrapieren zu schlagen. Stumm und finster schlichen sie umher […]“ (S. 25). Olimpia singt mit unangenehmer „schneidender Glasglockenstimme“ (S. 31). Die gespenstische Atmosphäre nach dem Fest bei Spalanzani beschwört Hoffmann in einem Satz mit zahlreichen *a*-Lauten: „Der Professor Spalanzani schritt langsam durch den leeren Saal, seine Schritte klangen hohl wider und seine Figur, von flackernden Schlagschatten umspielt, hatte ein grauliches gespenstisches Ansehen.“ (S. 33)

Immer wieder auch verwendet Hoffmann **Alliterationen**: „tolles Treiben" (S. 30), „in Schritt und Stellung hatte sie etwas Abgemessenes und Steifes" (S. 31), „du herrliche, himmlische Frau" (S. 32), „mein holder, herrlicher Liebesstern" (S. 33), „die zerrten und zogen", „gellendem Gelächter", „Leib und Leben" (alle S. 37), „Der Professor der Poesie und Beredsamkeit nahm eine Prise" (S. 39).

Außerdem fällt an der Erzählung die **Verwendung arabesker Formen** auf. Die Arabeske ist ein typisch romantisches Kunstmittel, über das es im *Sachwörterbuch der Literatur* von Gero von Wilpert heißt: „die stilisierte Blattrankenornamentik der islam. Kunst; auf die Lit. übertragen zur Bz. mannigfacher Wiederholungen, Verschlingungen und Überschneidungen. F. SCHLEGEL, der den Begriff A. 1798 in die Lit. einführte, verband damit die Vorstellung märchenhafter Phantastik, iron. Leichtigkeit und überquellender Fülle."[7] Im *Sandmann* treten solche Arabesken, auch hier ironisch gebrochen, vor allem in den ‚Gesprächen' Nathanaels mit Olimpia auf, die eigentlich Monologe sind und in denen Nathanael in vielfältigen Wiederholungen seine Liebe beschwört:

> *[...] worauf denn Nathanael also sprach: „O du herrliche, himmlische Frau! – Du Strahl aus dem verheißenen Jenseits der Liebe – Du tiefes Gemüt, in dem sich mein ganzes Sein spiegelt" und noch mehr dergleichen" (S. 32)*
> *„Ja du mein holder, herrlicher Liebesstern", sprach Nathanael, „bist mir aufgegangen und wirst leuchten, wirst verklären mein Inneres immerdar!" (S. 33)*

6 Interpretation von Schlüsselstellen

Die Begegnung Nathanaels mit Coppelius im Arbeitszimmer des Vaters (S. 7, Z. 14 bis S.10, Z. 13)

Der erste Brief an Lothar enthält Nathanaels Beschreibung der für das Verständnis der Erzählung wesentlichsten Szene: der Begegnung zwischen Nathanael und Coppelius im Arbeitszimmer des Vaters. Nathanaels Schilderung ist in besonderer Weise geeignet, das Trauma, das er erlitten hat und das der Grund für seinen späteren Wahnsinn ist, zu erschließen. Hoffmann lässt den Prozess, durch den sich Nathanaels Angst konkretisiert, an dieser Stelle der Erzählung nachvollziehbar werden, indem er den Leser in die **Figurenperspektive des verängstigten Jungen** versetzt. Dieser Zugang zu dem kindlichen Trauma ist allerdings kein unmittelbarer, denn bei der Darstellung muss mitbedacht werden, dass Nathanael hier als selbst Betroffener etwas erzählt, das der Leser – aus seiner emotionalen Distanz zu den beschriebenen Ereignissen heraus – auch anders bewerten kann als Nathanael selbst; denn es ist zweifelhaft, ob alles, was Nathanael hier als erlebte Realität beschreibt, sich auch tatsächlich so ereignet hat.

Dieser Brief zeigt dem Leser zum ersten Mal die Tendenz Nathanaels, sich von seinen Ängsten derart überwältigen zu lassen, dass sein Blick auf die Wirklichkeit getrübt wird. Nathanael schildert Lothar die Begegnung mit Coppelius, dem Advokaten, der gemeinsam mit Nathanaels Vater in dessen Arbeitszimmer regelmäßig alchimistische Experimente unternahm. Diese Experimente scheinen, bei aller Unklarkeit der übrigen Vorgänge, die Nathanael schildert, wohl tatsächlich stattgefunden zu haben, denn Nathanaels Eltern sind bei jedem Erscheinen von Coppelius sehr beunruhigt. Auch der Tod von Nathanaels Vater im Jahr darauf steht offensichtlich in Zusammenhang mit diesen Versuchen. Ob der Nathanael von Coppelius angedrohte Augenraub und seine Misshandlung durch den Advokaten – die dramatischen Höhepunkte der unheimlichen Szene – sich tatsächlich so abgespielt haben, wie Nathanael es in seinem Brief berichtet, kann nicht mit Sicherheit gesagt werden.

Es ist immerhin denkbar, dass Nathanaels Wahrnehmung, Coppelius wolle ihm die Augen rauben, der Wahrheit entspricht, da Coppelius ja tatsächlich gemeinsam mit dem Vater experimentiert. Die dämonischen Züge, die Bedrohlichkeit von Coppelius, die Hoffmann auch am Ende der Erzählung nochmals betont, unterstützen diese Vermutung. Auch der eher sachlich klingende Zusatz, „ich war bei der Lauscherei entdeckt, und von Coppelius gemisshandelt worden" (S. 10), spricht dafür, dass Nathanael irgendetwas widerfahren ist. Aber nur vor dem Hintergrund des Ammenmärchens vom Sandmann, das bei Nathanael bereits vorher eine besondere Mischung aus Ängstlichkeit und Neugier ausgelöst hat, ist zu verstehen, dass ein vielleicht wirklich schlimmes Ereignis dann von Nathanael in der von ihm beschriebenen traumatisierenden Art erlebt wird.

Aber die Art, in der Nathanael dies alles beschreibt, und vor allem die Wahrnehmungen, die er dabei hat, deuten eher auf eine Erfahrung hin, in der sich reales Erleben und Fantasie mischen. Dadurch ergeben sich zwei andere Möglichkeiten, Nathanaels Erlebnis zu erklären: Vielleicht hat allein die Tatsache, dem Kinderschreck Coppelius gegenüberzustehen, in dem bereits vorher durch das Märchen vom Sandmann verängstigten und in diesem Augenblick hochangespannten und erwartungsvollen Kind eine Art Schock ausgelöst. In diesem Zustand nimmt Nathanael möglicherweise Dinge war, die sich in dieser Weise nicht ereignet haben, sodass er sich an eine Begegnung und Misshandlung erinnert, die so gar nicht stattgefunden hat.

Oder aber, – und dies ist die dritte denkbare Erklärung für die von Nathanael beschriebenen Ereignisse – das Fieber, von dem Nathanael nach seiner eigenen Darstellung erst im Anschluss an die Misshandlung befallen worden ist, hat bereits früher begonnen. Allerdings ist nicht genau erkennbar, ab wann dies geschehen sein könnte – die Übergänge sind hier unklar. Das Fieber kann als Folge des Schrecks, den Nathanael erlitten hat, ausgelöst worden sein; die Erlebnisse sind dann Ausdruck einer Fieberfantasie, einer halluzinatorischen Wahrnehmung des Jungen. Den Hinweis, dass die Schilderung der Begebenheit eventuell die Wiedergabe eines Fiebertraumes sein könnte, erhält der Leser erst nachträglich: „Angst und Schrecken hatten mir ein hitziges Fieber zugezogen, an dem ich mehrere Wochen krank lag." (S. 10) Dadurch erscheint das, was bis dahin für den Leser noch realistisch gewirkt hat, als mögliche Fieber- und Angstfantasie.

Für eine Angstfantasie spricht auch der Beginn der Szene. Als Nathanael Coppelius erkannt hat, ohne dass sich dadurch seine Furcht verringert, heißt es: „Ich war festgezaubert." (S. 8) Nathanael fühlt sich wie von magischer Hand zum Erstarren gebracht und ist bereits hier möglicherweise nicht mehr ganz Herr seiner Sinne. Er beschreibt, wie ihm von seinem Versteck aus die Gesichtszüge des Vaters „zum hässlichen, widerwärtigen Teufelsbilde" (S. 9) verzerrt erscheinen, als er diesen und Coppelius mit den für ihn seltsamen Geräten, die sie für ihre alchimistischen Experimente benötigen, hantieren sieht. Auch diese Wahrnehmung ist wahrscheinlich eher Ausdruck seiner Angst als eine nüchterne Beobachtung. Die weitere Darstellung vermittelt den Eindruck, dass Nathanael sich in eine Art von Hölle versetzt fühlt: „Mir war es als würden Menschengesichter ringsumher sichtbar, aber ohne Augen – scheußliche, tiefe schwarze Höhlen statt ihrer." (S. 9) Die Beschreibung spiegelt deutlich das Ammenmärchen vom Sandmann wider, der den Kindern die Augen raubt (vgl. S. 5). Nathanaels kindliche Befürchtungen scheinen sich zu bewahrheiten, als er hört, wie Coppelius „mit dumpfer dröhnender Stimme" ruft: „Augen her,

Augen her!" (S. 9). Und der Albtraum steigert sich noch, als Coppelius den Jungen vermeintlich an sich reißt und auf den Herd wirft, während der Vater tatenlos, geradezu ohnmächtig zuschaut und nur flehentlich darum bitten kann, den Sohn zu verschonen. Am Ende, nachdem er von Coppelius derart „gemisshandelt" worden ist, fällt Nathanael in eine todesähnliche Ohnmacht: „alles um mich her wurde schwarz und finster, ein jäher Krampf durchzuckte Nerv und Gebein – ich fühlte nichts mehr" (S. 10).

Ab welchem Zeitpunkt genau sich seine Wahrnehmung zu einer Angstfantasie hin verschiebt, ist nicht eindeutig zu sagen. Hoffmann lässt diesen Aspekt offen. Für das Verständnis der Erzählung ist dies aber auch nicht entscheidend. Wesentlich ist vielmehr, dass sich eine für das Kind Nathanael traumatische Situation abgespielt hat, die sein weiteres Verhalten grundlegend beeinflusst. Ob dies real oder lediglich in seiner Fantasie geschehen ist, spielt dabei keine Rolle. Auch die Frage, ob Coppelius ein wirklicher oder nur ein vorgestellter Dämon ist, erweist sich unter diesem Aspekt als nebensächlich. Entscheidend an der Figur des **Coppelius** ist nicht, was er denn wirklich ist, sondern das Moment der Bedrohung, das er in der Erzählung verkörpert. Damit wird er zu einem Bild, zu einer **Metapher für das Zerstörerische**, das von Nathanael Besitz ergriffen hat und das letztlich unerklärlich bleibt, auch wenn der psychische Zusammenhang zwischen dem Ammenmärchen und Nathanaels Ängsten klar erkennbar ist. Aus diesem Grund lässt Hoffmann auch offen, was es mit Coppelius auf sich hat und welche Absichten er verfolgt. Er bleibt so vage und ungreifbar, als wolle der Autor eigens darauf hinweisen, dass es in der Erzählung nicht um ihn, sondern um Nathanael geht.

Mit Nathanael ist Folgendes geschehen: Als der Junge Coppelius im Zimmer des Vaters erblickt, gelangt er nicht mehr zu der Einschätzung, lediglich den Advokaten zu sehen, den er kennt.

Stattdessen identifiziert er Coppelius mit dem Sandmann, der den Kindern die Augen raubt. Nathanaels Erwartung, tatsächlich im Zimmer des Vaters den Sandmann zu sehen, ist von vornherein so übermächtig, dass es ihm im Moment der Begegnung nicht mehr gelingt, den Schritt zurück in die Realität zu finden, der ihm sagen könnte, dass er statt dem Sandmann dem zwar unsympathischen, aber immerhin vertrauten Coppelius gegenübersteht. Er ist gleichsam **durch das Märchen vom Sandmann bereits vortraumatisiert** worden. Nathanaels Entsetzen schafft ihm damit in diesem Moment eine eigene Realität, seine Befürchtungen formen die Wirklichkeit zu dem, was er erwartet hat. „Der Sandmann, der fürchterliche Sandmann ist der alte Advokat Coppelius, der manchmal bei uns zu Mittage isst!" (S. 7) Nathanaels bis dahin diffuse Angst vor der Spukgestalt des Sandmanns ist nun auf eine konkrete Person bezogen und damit gegenständlich geworden: Er weiß jetzt, vor wem er sich fürchten muss. Es wäre ja – theoretisch – auch denkbar gewesen, dass Nathanaels Angst vor dem Sandmann beim Anblick des Advokaten von ihm abgefallen wäre, da er ein vertrautes Gesicht erblickt hat und kein Märchenwesen. Er hätte sich damit von dem Eindruck, den das Ammenmärchen auf ihn gemacht hat, lösen können. Aber seine Furcht und seine übersteigerte Einbildungskraft sind bereits so stark, dass er die Vorstellungen beider, des Coppelius und des imaginierten Sandmanns, gleichsam überblendet und so in seiner Wahrnehmung identisch werden lässt. Man kann es auch mit einem Bild beschreiben: Der **Moment der Identifizierung von Coppelius mit dem Sandmann** ist die **Geburtsstunde von Nathanaels Trauma**, seiner Angst, er könne seiner Augen beraubt werden. Deren Empfängnis – um im Bild zu bleiben – war der Moment, in dem Nathanael mit dem Märchen vom Sandmann konfrontiert wurde. Geburtshelfer ist dabei eine Fantasie, die sich nicht mehr von der Realität korrigieren lässt, sondern eine Art Eigenleben entwickelt.

Nathanaels Wahrnehmung seiner Begegnung mit Coppelius ist so eindringlich gewesen, dass er sie noch viele Jahre später in einer Art und Weise wiedergeben kann, die seinen damaligen Schrecken für den Leser des Briefes nachvollziehbar macht. Nathanael kann Lothar davon erzählen, als wäre alles gestern geschehen und zeigt dadurch, wie bedeutsam diese Erinnerung für ihn ist.

Dass die Szene nicht nur von E. T. A. Hoffmann, sondern auch – auf der Ebene der Erzählung – von Nathanael künstlerisch bewusst durchgestaltet ist, dafür sprechen manche Details, die sich dem Leser später als **Vorausdeutungen** auf kommende Ereignisse erschließen. Dabei handelt es sich teils um Vorausdeutungen Nathanaels (auf den Tod des Vaters), teils um Vorausdeutungen E. T. A. Hoffmanns (hier vom Erzähler zu sprechen, wäre insofern falsch, als der Erzähler – innerhalb der Fiktion des Textes – ja keinen Einfluss auf den Wortlaut von Nathanaels Brief hat) auf das weitere Schicksal Nathanaels.

Der baldige Tod des Vaters schimmert auf, wenn Nathanael erzählt: „Ein gräßlicher krampfhafter Schmerz schien seine sanften ehrlichen Züge zum hässlichen widerwärtigen Teufelsbilde verzogen zu haben.“ Auch Coppelius mutiert hier bereits zur todbringenden teuflischen Gestalt, wenn er inmitten von dickem Qualm „die glutrote Zange“ schwingt, zähnefletschend „meckert“ und von Nathanaels Vater unterwürfig mit „Meister, Meister“ (jeweils S. 9) angeredet wird.

Nathanael selbst glaubt zu seinem Entsetzen die Hände und Füße abgeschraubt und an anderen Stellen wieder angesetzt zu bekommen und ist dabei dem Tode nahe: „Ein sanfter warmer Hauch glitt über mein Gesicht, ich erwachte wie aus dem Todesschlaf“ (S. 10). Der Junge durchleidet bereits hier eine Art Blindheit und einen todesähnlichen Zustand. Er fühlt sich von Coppelius wie eine Puppe, wie ein **Automat** behandelt, also wie etwas Lebloses. Damit werden sowohl die starre Mechanik der

Puppe Olimpia als auch Nathanaels Ende miteinander verbunden und andeutend vorweggenommen. Die Angstfantasie, als Automat behandelt zu werden, deutet zudem auf die Furcht vor Selbstverlust, den Nathanael in seinen Wahrnehmungen und den späteren Schüben von Wahnsinn ja tatsächlich erleidet. Nathanael spürt, wie wehrlos er gegenüber dem Einfluss vermeintlich dämonischer Mächte ist oder, anders gesagt: wie sehr er seinen Ängsten, die ihn beherrschen, ausgeliefert ist. Diese Manipulierbarkeit rückt ihn in eine gewisse Nähe zu Olimpia. Sie sorgt auf sonderbare, abgründig ironische Weise für eine gewisse Seelenverwandtschaft zwischen Nathanael und dem Automaten, in den er sich verliebt hat.

Vor allem aber wird in dieser Textpassage deutlich, welche Bedeutung Hoffmann den **Augen** und mit ihnen dem Sehen als besonderer Form der Wahrnehmung zuschreibt. Alles, was Nathanael sieht, wirkt in starkem Maße auf ihn ein und ist dennoch gleichzeitig nicht eindeutig zu bewerten. „[...] ich sah, dass das, was ich so lange dafür gehalten, kein Wandschrank, sondern vielmehr eine schwarze Höhlung war“ (S. 9), erzählt Nathanael seinem Freund Lothar. Er schildert hier die Erfahrung einer visuellen Täuschung, bei der Menschen auf einmal ihr Gesicht und Dinge ihre Bedeutung verändern und damit den Beobachter erheblich verunsichern und erschrecken. In dieser Beobachtung einer so unzuverlässigen Form der Wahrnehmung drückt sich die Angst vor dem Verlöschen der Sehfähigkeit, vor dem Verlust der Augen aus. Diese Angst ist für Nathanael mit Todesangst gekoppelt. Das Bild der „schwarzen Höhle“ ist Ausdruck dieser Angst und kehrt vielfach in der Erzählung wieder. Es ist auch in Coppelius beziehungsweise Coppolas Namen enthalten (vgl. *Interpretationshilfe* S. 43). „Schwarze Höhlen“ steht hier als Synonym für die verlorene Sehkraft und damit für den entstehenden Wahnsinn und letztlich den Tod Nathanaels.

Claras Brief an Nathanael (S. 12 bis 16)

In diesem Brief werden die unterschiedlichen Haltungen von Clara und Nathanael deutlich, die auch als **Gegenüberstellung der verschiedenen Denkweisen** von Aufklärung und Romantik betrachtet werden können. Clara geht in Bezug auf Nathanaels Ängste von inneren, psychischen Problemen aus, die sich aber mit dem Verstand bewältigen lassen, Nathanael selbst dagegen von schicksalhaften, verhängnisvollen Mächten, die über ihn bestimmen und denen er ausgeliefert ist.

Clara ist also in dieser Hinsicht Nathanaels ‚Gegenspielerin'. Sie versucht ihm in ihrem Brief zu vermitteln, was auch der Leser Nathanael vermutlich gerne sagen würde: Beruhige dich wieder, das ist alles nur Einbildung, so etwas gibt es nicht, kümmere dich nicht weiter darum. Dabei formuliert sie diesen Rat – mit Lothars Hilfe – zwar komplizierter, aber sie bleibt letztlich das praktische und unkomplizierte Wesen, das von den Ängsten, mit denen Nathanael zu tun hat, im Grunde keine richtige Vorstellung besitzt. Daher fühlt sich Nathanael von ihr auch nicht verstanden und ärgert sich über ihren Brief. Clara fehlt die erschütternde, traumatische Erfahrung Nathanaels, daher denkt sie ganz anders als dieser. Sie fühlt nicht die Angst, die von ihm Besitz ergriffen hat, und spürt nicht seine grundsätzliche Verunsicherung, die ihn auch Übersinnliches und Magisches in den Bereich des Möglichen rücken lässt.

Dabei scheint **Claras Argumentation** einleuchtend und folgerichtig. Sie **trennt** in ihrem Brief **Innen- und Außenwelt** des Menschen. So schreibt sie Nathanael, dass „die wahre wirkliche Außenwelt" an dem, was in seinem „Innern" vorgegangen sei, „wohl wenig teilhatte" (S. 13). Damit anerkennt sie zwar durchaus die Existenz „des Inneren" – denn natürlich gibt es auch für sie dieses Leben der Gefühle und Gedanken –; aber eine solche Form der Bedrohung, wie Nathanael sie schildert, gehört für sie ins Reich der Fantasie, das mit dem aus ihrer Sicht eigentlichen, richtigen, dem sichtbaren, äußeren Leben wenig zu tun hat. In der „wahre[n] wirkliche[n] Außenwelt" gibt es für alles Unheimliche und Fantastische eine harmlose, rationale, eben vernünftige Erklärung, die sie dann auch in ihrer Beschreibung der möglichen Gründe für den Tod von Nathanaels Vater zu geben versucht. In Nathanaels Augen dagegen bagatellisiert sie seine Erlebnisse.

Hinzu kommt, dass Clara von einer **Willensautonomie** ausgeht, durch die Menschen darüber entscheiden können, ob sie sich der „dunkle[n] Macht" öffnen oder nicht: „gibt es eine solche Macht, so muss sie in uns sich, wie wir selbst gestalten, ja unser Selbst werden; denn nur *so* glauben wir an sie und räumen ihr den Platz ein, dessen sie bedarf, um jenes geheime Werk zu vollbringen" (S. 14). Mit anderen Worten: vorausgesetzt, es gibt tatsächlich eine solche auf den Menschen einwirkende „dunkle Macht", wie auch immer sie beschaffen sein mag, – und dass es sie geben kann, stellt Clara nicht grundsätzlich infrage – so ist es doch der Mensch selbst, der ihr Spielraum gibt, in sein Leben einzugreifen. Eben deshalb hat er es auch in der Hand, dieser Macht gar nicht erst die Möglichkeit zu geben, über sein Denken und Handeln und damit über sein Leben zu bestimmen. Für Clara ist es ganz einfach:

> *Haben wir festen, durch das heitre Leben gestärkten, Sinn genug, um fremdes feindliches Einwirken als solches stets zu erkennen und den Weg, in den uns Neigung und Beruf geschoben, ruhigen Schrittes zu verfolgen, so geht wohl jene unheimliche Macht unter in dem vergeblichen Ringen nach der Gestaltung, die unser eigenes Spiegelbild sein sollte. (S. 15)*

Genau dies aber gelingt Nathanael nicht mehr. Für ihn ist es keine Frage des Willens oder der Entscheidung, ob er sich der Vorstellung einer Bedrohung durch Coppelius hingibt oder nicht, da diese Vorstellung bereits vollständig von ihm Besitz ergriffen hat.

Dementsprechend helfen ihm auch Claras rationale Argumente nicht, die die Wahrscheinlichkeit solcher Ereignisse, wie sie ihm widerfahren sind, infrage stellen. Für ihn sind diese Erlebnisse bereits Realität geworden. Clara hat also insofern Recht, wenn sie schreibt: „[...] nur der Glaube an ihre feindliche Gewalt kann sie dir in der Tat feindlich machen" (S. 15). Sie unterschätzt dabei aber die Intensität der Erfahrung Nathanaels, die die Ereignisse nicht mehr zu einer Frage des Glaubens machen. Nathanael ist ihrer Argumentation gar nicht mehr zugänglich, auch wenn er sich selbst gerne von den Zweifeln, die ihn plagen, befreien lassen würde.

Claras Argumentation Nathanael gegenüber weist auf die Differenz zwischen romantischer und aufklärerischer Denkweise hin und lässt dadurch die **romantische Lebensauffassung**, die Hoffmann in seiner Erzählung zugleich beschreibt und ironisiert, besser hervortreten. Nicht die Außenwelt, das Sichtbare, Erklärbare, die Vernunft prägen und beeinflussen aus romantischer Sicht vorwiegend das Leben eines Menschen. Vielmehr spielen das Innere, die Fantasie, die vorgestellte Welt eine große Rolle. Dass es beide Bereiche gibt, das stellt auch Clara nicht in Abrede, aber sie verkennt und unterschätzt doch die Dominanz, die das Dunkle, das Fantastische, das innere, psychische Erleben erlangen kann. Hoffmann räumt Claras Position in der Erzählung zwar einen großen Stellenwert ein, aber Nathanaels Leben ist eben doch durch weit mehr als nur durch die „wahre wirkliche Außenwelt" (S. 13) und seine eigene Entscheidungsfreiheit bestimmt. Damit spiegelt die Erzählung deutlich die Sichtweise eines romantischen Weltbildes, zu dem eben auch das Unerklärliche, das Wunderbare und Fantastische im Leben des Menschen gehört. Dies kann sich sowohl im Schönen, eben im ‚Romantischen', wie wir es heute verstehen, wie auch im Negativen, im Unheimlichen zeigen, so wie E. T. A. Hoffmann es in seinen *Nachtstücken* und dabei insbesondere im *Sandmann* beschreibt.

Wirkungsgeschichte der Erzählung

Die Reaktion auf das Erscheinen der *Nachtstücke* fiel – im Vergleich zu der begeisterten Aufnahme der *Fantasiestücke* – sehr verhalten aus: Vor allem die Fantastik der Geschichte wurde bemängelt. Die *Allgemeine-Literatur-Zeitung* druckte 1817 einen **anonymen Verriss**: Die Erzählung sei ein „schauderhaftes Nachtstück. Die Schwärmerey und Geisterfurcht endet hier in selbstvernichtender Verrückung. Wenn solche Geisterseherey ansteckend ist, so sollte man daher ja wohl den Geistesschwachen und Ueberreizbaren des Vfs. Schriften aus den Händen reißen. Hier überschreitet der gräßliche Ernst die Grenze der Dichtung".[8]

Es gab aber auch im gleichen Jahr eine ebenfalls anonyme Stimme in der *Weimarischen Zeitung*, die voller **Begeisterung** über „die Zeichnungen eines genialen Künstlers" war.[9] Heinrich Voß, dessen Vater Johann Heinrich Voß als Homer-Übersetzer berühmt war, schreibt 1821 in einem Brief, dass Hoffmann mit dem „*Sandmann* [...] eine der geistreichsten Erzählungen unserer Zeit" geschrieben habe. Hoffmann sei es gelungen, das „Fratzenhafte ins Leben zu rufen, und mit dem Alltäglichen zu verbinden, daß es mit diesem wie Hand in Hand brüderlich fortwandelt [...]. Es ist wol nicht möglich, einen sinnreicheren Gebrauch von der Idee des Sandmanns zu machen, als hier geschehen ist".[10]

1823 veröffentlichte der Literaturkritiker Konrad Schwenk in *Hermes oder kritisches Jahrbuch der Literatur* eine ausführliche Rezension der gesamten *Nachtstücke*, bei der auch der *Sandmann* scharf kritisiert wird: „Hier ist [...] die Darstellung so ungeschickt und trotz aller groben Pinselstriche so matt, daß kein Interesse, kein Leben sichtbar wird.“[11]

1827 rückte Johann Wolfgang von Goethe, der sich dabei auf einen Aufsatz des Engländers Walter Scott bezieht, die Erzählungen Hoffmanns in die Nähe des Pathologischen, des Krankhaften. Zu berücksichtigen ist dabei Goethes grundsätzliche Frontstellung gegen die Literatur der Romantik, die er als Affront gegen die von ihm repräsentierte Weimarer Klassik empfand:

Fürwahr, die Begeisterungen Hoffmanns gleichen oft den Einbildungen, die ein unmäßiger Gebrauch des Opiums hervorbringt und welche mehr den Beistand des Arztes als des Kritikers fordern möchten. […] Blutentleerungen und sonstige Reinigungen, verbunden mit gesunder Philosophie und überlegter Beobachtung, würden unsern Hoffmann […] zu einem gesunden Geisteszustand zurückgebracht haben, und seine Einbildungskraft […] hätte vielleicht das höchste Ziel poetischer Kunst erreicht. – Seine Werke jedoch, wie sie gegenwärtig liegen, dürften nicht als Muster der Nachahmung aufzustellen sein, vielmehr als Warnungstafeln, die uns anschaulich machen, wie die fruchtbarste Einbildungskraft erschöpft werden kann durch einen leichtsinnigen Verschwendungstrieb des Besitzers.[12]

Diese insgesamt eher negative Beurteilung trug dazu bei, dass die *Nachtstücke* in Deutschland bis in die Mitte des 20. Jahrhunderts hinein kaum noch beachtet wurden und im Schatten der Weimarer Klassik nahezu in Vergessenheit gerieten.

In Frankreich, Russland und Amerika dagegen wurde E. T. A. Hoffmann bereits im 19. Jahrhundert zum Vorbild für Autoren wie Honoré de Balzac (dessen erste Romane deutlich den Einfluss Hoffmanns erkennen lassen), Charles Baudelaire, Fjodor M. Dostojewski oder Edgar Allen Poe und „zum Inbegriff romantischer Erzählkunst“.[13] Sein Einfluss ist auch deutlich im so genannten Magischen Realismus der südamerikanischen Literatur des 20. Jahrhunderts zu spüren, wie etwa bei dem kolumbianischen Nobelpreisträger Gabriel García Márquez.

Aufmerksamkeit von ganz anderer Seite erhielt die Erzählung durch **Sigmund Freuds** Abhandlung über „**Das Unheimliche**" (1919). Mit diesem Aufsatz begann auch das literaturwissenschaftliche Interesse an der Erzählung zu erwachen. Freud lässt in seiner Abhandlung poetische Aspekte außer Acht und betrachtet die Erzählung als Beleg für seine psychoanalytische Theorie, nach der psychische Störungen, wie der Wahnsinn Nathanaels, als Ausdruck verdrängter früher Ängste verstanden werden. Das Unheimliche an der Erzählung besteht für Freud nicht nur in der Ungewissheit darüber, ob Olimpia nun lebendig ist oder nicht, sondern vor allem in Nathanaels Angst vor dem Verlust seiner Augen. Diese für den Leser gut nachvollziehbare Furcht interpretiert Freud als Ausdruck der kindlichen Kastrationsangst: „Das Studium der Träume, der Phantasien und Mythen hat uns dann gelehrt, dass die Angst um die Augen, die Angst zu erblinden, häufig genug ein Ersatz für die Kastrationsangst ist."[14] Freud bezieht sich dabei auf seine Annahme, dass der Vater vom Sohn während der so genannten ödipalen Phase (etwa im Kindergartenalter) als Konkurrent in der Liebe zur Mutter und damit als potenzielle Bedrohung angesehen wird.

In der griechischen Sage, auf die Freud hier Bezug nimmt, wird Ödipus als Kind von seinen Eltern Laios und Iokaste verstoßen, da das Orakel ihnen vorhergesagt hat, er werde seinen Vater töten. Ödipus wird aber dennoch zum Mörder seines Vaters, den er nicht kennt und bei einer Begegnung für einen Bettler hält, und heiratet anschließend, auch gemäß dem Orakelspruch, die eigene Mutter, die er ebenfalls nicht kennt. Als Ödipus dann Jahre später entdeckt, was er getan hat, sticht er sich voller Verzweiflung über seine Schuld selbst die Augen aus.

Das Kind Nathanael wünscht nach Freuds Theorie seinem Vater unbewusst den Tod, um die Mutter für sich allein zu haben. Freud setzt in seiner Analyse der Erzählung den Sandmann, von dem für Nathanael das Unheil droht, an die Stelle des gefürchteten Vaters, „von dem man die Kastration erwartet“.[15] Das Bedrohliche an dieser Vaterinstanz und den frühkindlichen Wünschen wird nach Freuds Ansicht in der Erzählung damit gleichsam in zwei Personen aufgespalten: einerseits in den Sandmann (beziehungsweise in Coppelius) und andererseits in Nathanals Vater. Dieser kommt zwar bei einem Experiment um, sodass Nathanael also für dessen Tod nicht direkt verantwortlich ist. Nathanael fühlt sich aber indirekt eben dennoch schuldig, da er ja gemäß den kindlichen Wünschen in der ödipalen Phase den Tod des Vaters ersehnt. Der Verlust der Augen stellt die Strafe für den getöteten Vater dar – und diese Strafe, so interpretiert Freud, droht Nathanael in der Erzählung durch die Gestalt des Sandmanns beziehungsweise Coppelius.

Seit den Fünfzigerjahren des 20. Jahrhunderts wurden E. T. A. Hoffmanns Werke und dabei insbesondere auch die Erzählung *Der Sandmann* von der Literaturwissenschaft zusehends mehr beachtet. Inzwischen gibt es eine fast unübersehbare Fülle von wissenschaftlichen Arbeiten, die sich unter den verschiedensten Ansätzen und Aspekten mit dem *Sandmann* beschäftigen. Hier sollen nur einige der wichtigeren Ansätze der Forschung kurz umrissen werden.

Unter **sozialgeschichtlichem Aspekt** wird etwa untersucht, inwieweit Nathanaels Geschichte als Ausdruck für gesellschaftliche Veränderungen, insbesondere für die beginnende Brüchigkeit der bürgerlichen Kleinfamilie angesehen werden kann. So wirkt nach außen hin in Nathanaels Familie zwar alles wohl geordnet, aber im Innern zeichnen sich zahlreiche Probleme – als Folge von Verdrängungsmechanismen gegenüber Autoritätsdenken und Unterordnungstendenzen – ab.

Die **geistesgeschichtliche Interpretation** betrachtet zum Beispiel, wie in der Erzählung ein sich mit Beginn des 19. Jahrhunderts abzeichnendes größeres Verständnis gegenüber psychischen Erkrankungen zum Ausdruck kommt, insofern geistig Kranke nicht länger wie Kriminelle weggesperrt wurden und Geisteskrankheit nicht länger vornehmlich als Strafe für Unglauben oder Unmoral angesehen wurde.

Szene aus Jacques Offenbachs Oper „Hoffmanns Erzählungen", hier als englischer Kinofilm aus dem Jahre 1951 mit Moira Shearer als Olimpia und Robert Rounseville als Nathanael. Regie führten Michael Powell und Emeric Pressburger.

Unter **rezeptionsästhetischen Fragestellungen** wird erforscht, wie es E. T. A. Hoffmann gelingt, den Leser durch die Darstellung der Geschichte, nicht nur durch ihren Inhalt, zu verunsichern: Beim Lesen überkommt ihn ein Gefühl der Unheimlichkeit, weil sich der Text in der Interpretation nicht eindeutig erschließt. Es wird dabei untersucht, wie der Text auf den Leser wirkt und wie der Leser selbst am Zustandekommen von Bedeutungen beteiligt ist.

Literaturgeschichtlich ist im Zusammenhang mit der Erzählung von Bedeutung, in welcher Weise sie als typisch für die Literatur der Romantik angesehen werden kann und inwieweit sie sich bereits wieder von dieser abgrenzt.

Ballett, Oper und Verfilmungen

Auf der Grundlage von Hoffmanns Erzählung *Der Sandmann* entstand 1870 das Ballett *Coppelia (Coppélia ou La fille aux yeux d'émail)* von **Leo Delibes**. Noch bekannter ist die 1881 uraufgeführte Oper *Hoffmanns Erzählungen (Les contes d'Hoffmann)* von **Jacques Offenbach**. In beiden Werken sind Szenen und Motive von Hoffmanns Text aufgenommen und in produktiver Rezeption weiterverarbeitet.

Außerdem gibt es eine Reihe von **Verfilmungen** zu dem Ballett *Coppelia* und der Oper *Hoffmanns Erzählungen.* Die erste, *Coppélia ou La poupée animée,* entstand bereits 1900 in Frankreich unter der Regie von G. Méliès. In Österreich kamen 1911 und 1923 Filme mit dem Titel *Hoffmanns Erzählungen* – der erste von L. Kolm und anderen, der zweite von M. Neufeld – heraus. *The Tales of Hoffmann* entstand 1951 in England unter der Regie von M. Powell und E. Pressburger. 1966 folgte die spanisch-amerikanische Co-Produktion *El fantastico mundo del Dr. Coppelius* unter der Regie von T. Kneeland.

Zu der Erzählung *Der Sandmann* existiert eine gleichnamige, in die heutige Zeit versetzte Verfilmung von Eckardt Schmidt aus dem Jahre 1993.

Literaturhinweise

Verwendete Textausgabe

HOFFMANN, E. T. A.: *Der Sandmann.* Herausgegeben von Rudolf Drux. Stuttgart: Reclam Verlag 2003 (RUB 230)
Auf diese Ausgabe beziehen sich alle Zitate und Textverweise.

Literatur zur Biografie und zum Werk E. T. A. Hoffmanns

KREMER, DETLEF: *E. T. A. Hoffmann zur Einführung.* Hamburg: Junius Verlag 1998
Knappe, zusammenfassende Darstellung der Werke E. T. A. Hoffmanns mit einer Biografie am Anfang

Ders.: *E. T. A. Hoffmann. Erzählungen und Romane.* Berlin: Erich Schmidt Verlag 1999
Enthält ausführliche Interpretationen der wichtigsten Werke E. T. A. Hoffmanns

STEINECKE, HARTMUT: *Die Kunst der Fantasie. E. T. A. Hoffmanns Leben und Werk.* Frankfurt a. M.: Insel Verlag 2004
Sehr ausführliche, aber auch verständlich geschriebene Lebensgeschichte E. T. A. Hoffmanns, zum Vertiefen

WITTKOP-MENARDEAU, GABRIELLE: *E. T. A. Hoffmann. Mit Selbstzeugnissen und Bilddokumenten.* Reinbek bei Hamburg: Rowohlt Verlag 1966
Versammelt kurz wesentliche Ereignisse und Zusammenhänge aus dem Leben des Dichters

Literatur zu E. T. A. Hoffmanns Erzählung „Der Sandmann“

DRUX, RUDOLF: *E. T. A. Hoffmann, Der Sandmann.* Erläuterungen und Dokumente. Stuttgart: Reclam Verlag 2003 (RUB 8199)
Enthält zusätzliche Wort- und Sacherklärungen zu der Erzählung und Aufsätze zu den zentralen Themen: Motivkomplex, Multiperspektivität, Wirkungsgeschichte. Dazu gibt es eine Reihe von Texten zur weitergehenden Diskussion.

HOHOFF, ULRICH: *E. T. A. Hoffmann. Der Sandmann. Textkritik, Edition, Kommentar.* Berlin, New York: Walter de Gruyter 1988
Sehr ausführliche, textkritische Interpretation der Erzählung

WAWRZYN, LIENHARD: *Der Automaten-Mensch. E. T. A. Hoffmanns Erzählung vom „Sandmann“. Mit Bildern aus Alltag & und Wahnsinn. Auseinandergenommen von Lienhard Wawrzyn.* Berlin: Verlag Klaus Wagenbach 1976
Unterhaltsam und interessant geschriebene Interpretation des Textes unter dem thematischen Schwerpunkt des Automaten-Motivs

Literatur zur Romantik

KREMER, DETLEF: *Romantik.* Stuttgart: Metzler Verlag 2001, 2. überarbeitete und aktualisierte Auflage 2003
Ausführliche Darstellung der Literatur der Romantik und ihrer geistesgeschichtlichen Zusammenhänge

SCHULZ, GERHARD: *Romantik. Geschichte und Begriff.* München: Verlag C. H. Beck 1996
Kurzer, gut verständlicher Überblick über die Entwicklung von Kunst und Philosophie der Romantik

Anmerkungen

1 *E. T. A. Hoffmanns Briefwechsel,* gesammelt und erläutert von Hans von Müller und Friedrich Schnapp, herausgegeben von Friedrich Schnapp, Band I: Königsberg bis Leipzig 1794 bis 1814. München 1967. Zitiert nach: Detlef Kremer: *E. T. A. Hoffmann zur Einführung,* Hamburg 1998, S. 12

2 Lienhard Wawrzyn: *Der Automatenmensch.* Berlin 1976, S. 101

3 Gero von Wilpert: *Sachwörterbuch der Literatur.* Erweiterte 8. Auflage. Stuttgart 2001, S. 704

4 Ebenda

5 Rudolf Drux: *Erläuterungen und Dokumente. E. T. A. Hoffmann, Der Sandmann.* Stuttgart 2003, S. 58

6 Ebenda, S. 57

7 Gero von Wilpert: a. a. O., S. 42

8 Rudolf Drux: a. a. O., S. 68

9 Ebenda, S. 67

10 Ebenda, S. 69

11 Ebenda, S. 71

12 Ebenda, S. 75 f.

13 Detlef Kremer, a. a. O., S. 38

14 Sigmund Freud: Das Unheimliche. In: Sigmund Freud: *Psychologische Schriften. Studienausgabe, Band 4.* Herausgegeben von Alexander Mitscherlich u. a.. Frankfurt am Main: S. Fischer Verlag 1989. Zitiert nach: Rudolf Drux, a. a. O., S. 81

15 Vgl. Anmerkung 14, dort S. 82

Ihre Meinung ist uns wichtig!

Ihre Anregungen sind uns immer willkommen. Bitte informieren Sie uns mit diesem Schein über Ihre Verbesserungsvorschläge!

Titel-Nr.	Seite	Vorschlag

Bitte hier abtrennen

Die echten Hilfen zum Lernen … **STARK**

Bitte hier abtrennen

Zutreffendes bitte ankreuzen! Die Absenderin/der Absender ist:

- ☐ Lehrer/in in den Klassenstufen: ______
- ☐ Fachbetreuer/in
  Fächer: ______
- ☐ Seminarlehrer/in
  Fächer: ______
- ☐ Regierungsfachberater/in
  Fächer: ______
- ☐ Oberstufenbetreuer/in
- ☐ Schulleiter/in
- ☐ Referendar/in, Termin 2. Staatsexamen: ______
- ☐ Leiter/in Lehrerbibliothek
- ☐ Leiter/in Schülerbibliothek
- ☐ Sekretariat
- ☐ Eltern
- ☐ Schüler/in, Klasse: ______
- ☐ Sonstiges: ______

16-V1P

Bitte ausfüllen und im frankierten Umschlag an uns einsenden. Für Fensterkuverts geeignet.

STARK Verlag
Postfach 1852
85318 Freising

Kennen Sie Ihre Kundennummer? Bitte hier eintragen.

Absender **(Bitte in Druckbuchstaben!)**

Name/Vorname

Straße/Nr.

PLZ/Ort

Telefon privat

Geburtsjahr

E-Mail

Schule/Schulstempel **(Bitte immer angeben!)**

Unterrichtsfächer: **(Bei Lehrkräften!)**

(Bitte blättern Sie um)